Best of Baerbock

1. Auflage Oktober 2024

Satz und Layout: Mohn Media Mohndruck GmbH, Gütersloh
Umschlaggestaltung: Nicole Lechner

Titelfoto: © David Young / dpa / picture-alliance

ISBN: 978-3-98992-039-2

FSC www.fsc.org MIX Papier | Fördert gute Waldnutzung FSC® C014496

Gerne senden wir Ihnen unser Verlagsverzeichnis
Kopp Verlag
Bertha-Benz-Straße 10
72108 Rottenburg
E-Mail: info@kopp-verlag.de
Tel.: (0 74 72) 98 06-10
Fax: (0 74 72) 98 06-11

Unser Buchprogramm finden Sie auch im Internet unter:
www.kopp-verlag.de

Werner Reichel

BEST OF BAERBOCK

Der Karrieresprung vom Trampolin ins Außenministerium

KOPP VERLAG

Inhalt

Vorwort

360-Grad-Wenden, Länder, die Hunderttausende Kilometer entfernt liegen, Kobolde in Akkus, das Stromnetz als Speicher, präsidenzlose Angriffe, Solala-Energie und Panzerkriege im 19. Jahrhundert – die Liste der sprachlichen und intellektuellen Fehlleistungen von Annalena Baerbock ist ebenso lang wie legendär. Im Internet und den sozialen Medien kursieren Hunderte Zusammenschnitte von ihren lustigsten Versprechern und peinlichsten Patzern. Selbst Jugendliche, die mit Politik nichts am Hut haben, denen egal ist, wer aktuell Innenministerin oder Vizekanzler ist und aus welchen Parteien die Regierungskoalition besteht, kennen Annalena Baerbock. Sie ist viel mehr als eine grüne Politikerin, sie ist ein populärkulturelles Phänomen, ein Internetstar. Eines der vielen Best-of-Baerbock-Videos beginnt mit dieser, von *Raumschiff-Enterprise*-Filmmusik untermalten originellen Einleitung:

Die Baerbock.
Unendliche Leiden.
Wir befinden uns in einer fernen Gegenwart.
Dies sind die Abenteuer der Annalena Baerbock,
die viele 100 000 Kilometer entfernt von Deutschland unterwegs ist,
um fremde Wörter zu entdecken,
unbekannte Sätze und neue Formulierungen.
Die Baerbock dringt dabei in Realitäten vor,
die nie ein Deutscher zuvor gesehen hat.[1]

Solche Videos haben viele Hunderttausende gesehen, nicht weil sie an Baerbocks politischen Inhalten und Botschaften interessiert wären, sondern weil sie über ihre unfreiwillige Komik lachen. Sie ist für viele nur eine Witzfigur.

Wenn die oberste außenpolitische Vertreterin Deutschlands wie ein diplomatischer Elefant durch den internationalen Porzellanladen trampelt, hinterlässt sie aber nicht nur Lacher, sondern vor allem Scherben, etwa als sie Chinas Präsident Xi Jinping als Diktator beschimpfte oder Russland aus Versehen den Krieg erklärte. Von solchen »Lappalien«, die der deutschen Wirtschaft schwersten Schaden zufügen oder ganz Europa in einen Krieg stürzen könnten, lässt sich Baerbock, die die Stellenbeschreibung einer Außenministerin wohl nie gelesen beziehungsweise verstanden hat, nicht beeindrucken. Sie meint es ja schließlich gut. Mit sich. Und: Chinesen, Russen, Araber – wer oder was sind die schon? Die sollen froh sein, wenn sie von Baerbocks Weisheit, Klugheit und Erfahrung profitieren können.

Baerbock kompensiert ihre Wissens- und Bildungslücken, ihre fehlende Kompetenz und mangelnde sprachliche Ausdrucksfähigkeit mit einer alles überstrahlenden Selbstherrlichkeit. Sie betrachtet die Welt und die Bürger gern von ihrem selbst errichteten moralischen Podest. So hoch oben in den wolkigen Gefilden von Moral, Ideologie und links-grünen Weltrettungsfantasien bekommt man allerdings nur noch wenig von der realen Welt da unten mit, wo die normalen Bürger leben und leiden. Der bekannte Medienanwalt und Publizist Joachim Steinhöfel: »Frau Baerbock ist eine sich selbst maßlos überschätzende Person, deren Inkompetenz nur noch von ihrer hohen Meinung von sich selbst übertroffen wird.«[2]

Inkompetenz und Hybris treten oft paarweise auf und sind ein toxisches Gemisch, vor allem für eine Außenministerin. Sie blamiert nicht nur sich selbst – das wäre das geringste Problem –, sondern auch Deutschland, ja, ganz Europa. Dass die Schäden ihrer Außenpolitik, die mancher Experte auch als Polterdiplomatie bezeichnet, nicht größer sind, und Deutschland bisher mit einigen blauen Augen davongekommen ist, hat vor allem einen Grund: Sie wird in Peking, Neu-Delhi, Riad, Moskau oder sonst wo außerhalb ihrer politmedialen deutschen Blase nicht ernst genommen, weil man sie dort richtig einschätzen kann. Ohne den medialen Weihrauch und den rosa Schleier, der Baerbock in Deutschland umweht, ist sie einfach, was sie ist: eine außenpolitische Enttäuschung zum Fremdschämen. So jemanden empfängt man nicht einmal am Flughafen – geschehen im vergangenen Jahr in Indien, der größten Demokratie der Welt –, so jemanden lädt man ohne Begründung wieder aus, wenn er zuvor angekündigt hat, sich bei seinem Besuch aufspielen zu wollen – wie es Ungarns Premierminister Viktor Orbán im Juli 2024 getan hat.

Davon lässt sich Annalena Baerbock nicht stoppen. Sie hat schließlich eine Mission, die wichtiger ist als alles andere: Sie muss das Klima, den Planeten und die Menschheit retten. In erster Linie mit guten Tipps aus der sozialistischen Mottenkiste für alle, die sie nicht hören wollen, und mit viel deutschem Steuergeld. Zweiteres ist das Einzige, was viele Länder an Baerbock mögen. Unter der Rettung der Welt macht es Baerbock nicht. Wer ein paar Vorlesungen in Völkerrecht, ein Praktikum bei einer Zeitung und ein Auslandsschuljahr vorweisen kann, der fühlt sich eben zu Höherem berufen. Die Psychologin und Autorin Esther Bockwyt: »Was wir im Kleinen nicht schaffen, verschieben wir auf das große Ganze. Wir verschreiben uns irgendeiner Ideologie, die alles besser machen soll. Wir wollen dann dazu beitragen oder am besten eine Führerrolle bei einer vermeintlichen Weltrettung einnehmen.«[3]

Baerbock hat im Kleinen tatsächlich wenig vorzuweisen. Sie hat keine Berufsausbildung, keine Berufserfahrung außerhalb des geschützten, staatlich finanzierten Politikbetriebes, und ihr Studium ist halbfertiges Flickwerk. Selbst als Buchautorin hat sie versagt. Es sind diese Defizite gepaart mit einem links-grünen missionarischen Eifer, die sie als Mitglied einer linken Regierung und Handlangerin der Globalisten qualifizieren.

In dieser Funktion kann sie als Jetset-Ministerin mit großem CO_2-Ausstoß bis in die entlegensten Winkel unseres Planeten düsen, um dort ihre »wertegeleitete«, »feministische« Außenpolitik zu verkaufen. Die kommt zwar in Peking, Budapest, Suva, Riad oder Jerusalem nicht besonders gut an, dafür umso mehr bei den deutschen Mainstream-Medien, die den größten Annalena-Baerbock-Fanklub des Landes beherbergen. Dieser betrachtet das weltweite Wirken seines Idols stets wohlwollend, schmückt es in den schönsten Farben aus und verwandelt jeden ihrer Fauxpas in eine Erfolgsmeldung.

Das Buch, das sie in Händen halten, war ursprünglich als satirisch-heitere Betrachtung über Annalena Baerbock geplant. Ich wollte all ihre originellen Wortdreher, Versprecher, missglückten Sätze, Peinlichkeiten und internationalen Fehltritte auflisten und launisch kommentieren. Diese sind schließlich buchfüllend und von hohem Unterhaltungswert. Sie finden sich auch allesamt in diesem Buch, vor allem in den Kapiteln »Best of Baerbock I: Inkompetenz und Bullshit« sowie »Best of Baerbock II: Ihre schönsten Versprecher« und sind grafisch hervorgehoben, damit Sie sie auch beim Durchblättern schnell finden können. Der Humor kommt also nicht zu kurz.

Doch im Lauf der Recherchen ist mir zunehmend das Lachen im Hals stecken geblieben. So lustig ihr Grundschulenglisch, ihre Wissenslücken, ihre Probleme mit den Grundrechenarten und ihre Wortdreher wie »Grundschauen schulen« auch sein mögen, Baerbock ist schließlich kein B-Promi im RTL-Dschungelcamp, keine Mode-Influencerin auf TikTok und keine Ulknudel in einer Fernsehshow, sondern eine der mächtigsten Politikerinnen des Landes, deren Einfluss auf die Zukunft Deutschlands und Europas nicht zu unterschätzen ist. Was sie sagt, hat Folgen, Folgen für Deutschland, für Europa und die ganze Welt. Der Journalist und Herausgeber Roland Tichy bringt es auf den Punkt: »Versprecher können zu Lachsalven führen – oder verheerende Folgen haben. Die Gefahr katastrophaler Folgen wächst mit Macht und Einfluss des Sprechers. Annalena Baerbocks unkontrollierbares

Dahergerede wird zunehmend zur buchstäblich tödlichen Gefahr.«[4] Das sehen aber nicht alle so, Baerbock war sogar zwischenzeitlich als neue EU-Kommissarin im Gespräch.[5] Sie hat also mächtige Unterstützer und Förderer im Hintergrund, die ihr nicht trotz, sondern wegen ihres bisherigen Wirkens zu noch mehr Macht und Einflussmöglichkeiten verhelfen wollen.

Was Baerbock sagt, fordert und umsetzt, hat schon jetzt enorme Auswirkungen auf unser aller Zukunft und Leben. Und sie weiß, was sie will beziehungsweise was ihre Förderer wollen, sie weiß jedenfalls besser als wir selbst, was für uns, unser Leben und das Land gut ist, was wir in Zukunft zu essen und wie wir uns fortzubewegen haben, ob und wie oft wir verreisen sollen, ob wir noch mit dem Auto fahren und in unserem eigenen Einfamilienhaus leben dürfen: »Die Klimakrise ist das größte Risiko für unsere Freiheit und unseren Wohlstand«,[6] behauptet Baerbock. Nicht weil dem tatsächlich so wäre, sondern weil der angedrohte Weltuntergang der Universalschlüssel für die linke Transformationspolitik, für die Umsetzung der großen links-grünen Utopie oder besser Dystopie ist. Nur wenn wir der alternativlosen Politik – sprich den Befehlen der grünen Weltretterin und ihrer Genossen, die das Leben aller Bürger bis ins kleinste Detail regeln wollen – gehorchen, kann die Apokalypse abgewendet werden. Zu viele in Angst gehaltene Bürger gehen Baerbock und ihren linken Freunden in Politik, Medien und Zivilgesellschaft tatsächlich auf den Leim.

Mit Eigenverantwortung, souveräner Nationalstaatlichkeit, Freiheit, Demokratie und Marktwirtschaft kann Baerbock, trotz gegenteiliger Sprechblasen und Sonntagsreden, wenig anfangen. Sie verträgt deshalb auch keine Kritik. Wenn einer ihrer einfachen Untertanen – pardon Mitbürger – sie auf die Schippe nimmt, folgt sehr oft die Klage auf dem Fuße.[7] Baerbock will ihre Politik am liebsten nur von ihren Hofberichterstattern, der linken Mainstream-Presse, beurteilen, also bejubeln, lassen.

Die grüne Außenministerin ist nicht nur mächtig und einflussreich, sondern auch populär. Baerbock ist beziehungsweise war bei vielen Bürgern zeitweise äußerst beliebt. Im November 2022 – als sie seit knapp einem Jahr als grüne Weltretterin in Regierungsverantwortung dilettieren durfte – war Annalena Baerbock erstmals laut ZDF-*Politbarometer* die beliebteste und sympathischste Politikerin des Landes.[8] Wie kann das sein? Das fragte sich auch der Journalist und Medienunternehmer Helmut Markwort. Baerbock habe Deutschland mit vielen Äußerungen blamiert, so Markwort, »unglaublicherweise übersteht sie diese Kette von Patzern, obwohl sie alle überprüfbar dokumentiert sind«.[9]

Wie kann jemand, der als Außenministerin für die meisten Länder dieser Welt eine Zumutung darstellt, ja, sogar Europa in höchste Kriegsgefahr bringt, der seinen Lebenslauf mit Falschangaben aufgemotzt hat, auf dem internationalen Parkett nicht ernst genommen wird und sich permanent mit seiner Inkompetenz und seinem nicht vorhandenen Wissen blamiert, so populär sein, einen solchen Rückhalt bei Medien, Politik, Zivilgesellschaft und zumindest zeitweise auch in der Bevölkerung haben? Wie kann so jemand zum Politstar mit hohen Sympathiewerten aufsteigen?

Die Antwort ist einfach: Weil der große Teil der Bürger – und zwar jener, der sich nahezu exklusiv über linke Haltungsmedien wie ARD, ZDF, *Spiegel*, *Stern*, *Süddeutsche Zeitung* etc. informiert – nicht die reale, sondern nur die medial geschönte Baerbock kennt. Die Baerbock, die man in der ARD-*Tagesschau* sieht und über die man im *Spiegel* liest, wird weltweit geachtet, auf die hören die Großen und Mächtigen der Welt, ihre Ratschläge werden gerne angenommen, sie ist klug, kompetent und eloquent. Ihre Versprecher und Fehltritte schaffen es nie bis in die *Tagesschau* (außer sie muss dort live sprechen), und wenn sie wieder einmal einen mächtigen Politiker vor den Kopf stößt, machen die deutschen Mainstream-Medien eine Erfolgsgeschichte daraus. Es gibt in der öffentlichen Wahrnehmung zwei völlig unterschiedliche Baerbocks. Welche man davon kennt, hängt primär davon ab, über welche Medien man seine Informationen beziehungsweise Desinformationen bezieht. Dieses Buch beschäftigt sich sowohl mit der realen Person als auch mit dem medialen Kunstprodukt, der nachbearbeiteten, virtuellen Annalena Baerbock. Das Phänomen Baerbock ist vor allem ein mediengetriebenes und -gesteuertes. Sie verkörpert wie keine andere Politikerin und Prominente das neue, politisch korrekte Deutschland, sie ist das Spiegelbild unserer woken, linken Mediengesellschaft. Insofern ist sie tatsächlich eine authentische Vertreterin der deutschen Gesellschaft und eines, wie es der britische Historiker und Politologe Anthony Glees ausdrückt, Hippie-Staates. Ein Hippie-Staat braucht eine Hippie-Außenministerin.

In keiner anderen, außer der deutschen beziehungsweise einer anderen woken westeuropäischen Gesellschaft hätte eine solche Person Karriere als Politikerin machen können. Ihre verbalen Ausrutscher sind auch keine Fehlleistungen, sondern, ob ihrer Regelmäßigkeit, ihr geistiger Standardoutput. Baerbock versteht von Atomkraft, Akkumulatoren, Demografie, Marktwirtschaft, Geschichte und Geopolitik nicht mehr, sondern tendenziell weniger als Otto Normalverbraucher. Beste Voraussetzungen für eine links-grüne Utopistin. Hätten sie und ihre Genossen Ahnung von Energiewirtschaft, gäbe es keine Energiewende, hätten sie Kenntnisse von der Geschichte des islamischen Imperialismus, gäbe es keine Massenzuwanderung nach Deutschland, würden sie etwas von Geopolitik und der Geschichte Osteuropas verstehen, gäbe es keine deutschen Waffenlieferungen an Selenskyj etc.

Nicht trotz, sondern aufgrund ihrer Defizite wird Baerbock vom politmedialen Establishment hofiert und geschützt. Man hat, wie der bekannte deutsche Philosoph Richard David Precht es ausdrückt, eine »Firewall« um sie errichtet. Warum? Weil sie die gegen die Interessen der Bürger und souveränen Nationalstaaten gerichtete globalistische Agenda mit ihrer tapsig-unbeholfenen Art und ihrer infantilen Ausdruckseweise menschlicher und freundlicher transportieren kann als trockene Ideologen und Machtmenschen wie Nancy Faeser oder Karl Lauterbach.

Man braucht sie als Verkäuferin und Maskottchen für die zentralen Projekte des Great Reset. Sie preist die Energiewende, Waffenlieferungen und Massenzuwanderung mit derselben Penetranz, Oberflächlichkeit und aufgesetzten Freundlichkeit in den Mainstream-Medien an, wie die TV-Moderatoren ihre Gurkenhobel oder ihr Wunderreinigungsmittel in den Homeshoppingkanälen. Das bekommt sie mit Unterstützung der öffentlich-rechtlichen und privaten Propagandakanäle gut hin. Viele nehmen ihr den naiven linken Idealismus und ihre Weltrettungsfantasien tatsächlich ab. Baerbock, die durch die Schule des Weltwirtschaftsforums gegangen ist und sich selbst als Transatlantikerin bezeichnet, macht Politik allerdings ausschließlich im Interesse der Globalisten beziehungsweise der USA. Die deutschen Bürger und nationale Interessen sind ihr gleichgültig. Das hat sie im Zusammenhang mit dem Ukrainekonflikt bei einer Konferenz 2023 in Prag offen zugegeben, als sie betonte, sie werde – »egal, was meine deutschen Wähler denken«[10] – ihre Politik durchziehen.

Baerbock wirkt selbst bei solch ungeheuerlichen Aussagen nicht wie eine verbissene, rücksichtslose Ideologin, sondern wie eine nette, um das Wohl der Menschheit besorgte Pragmatikerin. Dieses Image pflegen sie und die Mainstream-Medien gleichermaßen. Von einer bürgernahen Sachpolitikerin ist sie allerdings weit entfernt. Ihre linke bis extrem linke Gesinnung und ihre globalistischen Zielsetzungen blitzen in ihren Reden und Texten zwischen den eingelernten Phrasen und Satzbausteinen, die mehr verbergen als sie aussagen, immer wieder durch. Man muss nur aufmerksam lesen und hinhören. Das habe ich getan.

Ich versuche das Bild der echten Annalena Baerbock zu zeichnen, das einer grünen Fundamentalistin, die keine Skrupel hat, für ihre linken Utopien ein ganzes Land gegen die Wand zu fahren; das einer gefährlichen Narzisstin und Marionette der Globalisten, die unter dem Vorwand des Klimaschutzes beinharte Machtpolitik betreibt; das einer politischen Hasardeurin, der kein Risiko zu groß ist, die bereit ist, die Zukunft eines ganzen Landes, ja, Kontinents zu verspielen, die alles auf eine, nämlich die falsche, Karte setzt.

Außerdem versuche ich das Phänomen Baerbock zu entschlüsseln und dokumentiere, was die Mainstream-Medien aus politischen, finanziellen und anderen Gründen verschweigen. In mehreren Kapiteln geht es um ihren Werdegang, um ihre inhaltlichen und politischen Positionen, ihre ideologische Verwurzelung, ihre Außenpolitik und darum, wer hinter ihr steht, welchen Netzwerken sie angehört und welche Ziele sie tatsächlich verfolgt.

Auch wenn ihre chronischen Versprecher und Fehltritte dabei nur ein Aspekt, ein Puzzleteil des Gesamtbildes sind, ist es doch wichtig, sie möglichst vollständig aufzulisten und für die Nachwelt in Buchform zu dokumentieren und zu archivieren, zumal das Internet kein verlässlicher Wissensspeicher ist. Es geht nicht darum, Baerbock lächerlich zu machen – das schafft sie allein –, aber ihre Versprecher sind durchaus von Interesse, weil sie Ausdruck ihrer Inkompetenz sind und im Sinne Sigmund Freuds viel von ihrer Persönlichkeit, ihrer Denkweise und ihren wahren Absichten offenbaren. Die Versprecher sind Risse in ihrer Fassade, die tiefe Einblicke gewähren. Eine solche Auflistung ist auch ein Akt der Gerechtigkeit, denn die linken Mainstream-Medien schlachten jeden noch so kleinen Versprecher nicht linker Politiker aus. Die *New York Times* hat etwa eine lange und, wie sie es nannte, »definitive« Liste aller angeblicher Falschbehauptungen und Fehltritte von Donald Trump veröffentlicht. Wirklich jedes vermeintlich falsche Wort von Trump wurde als Beweis für seine, ihm von Linken unterstellte Dummheit und Inkompetenz ausgeschlachtet: »Puuuh, ach sooo, Trump hat sich nur versprochen!«,[11] versuchte sich etwa die *Süddeutsche Zeitung* über den ehemaligen und vielleicht künftigen US-Präsidenten lustig zu machen und tat damit das, was sie als menschenverachtende Hetze verdammt, wenn man dasselbe mit linken Politikern wie Baerbock macht. Die Gründlichkeit, mit der der Medienmainstream die Versprecher und Fehltritte sogenannter Rechtspopulisten abhandelt und seziert, sollte man auch bei Persönlichkeiten wie Baerbock anwenden, um jenem Bild entgegenzuwirken, das die linke Presse versucht, täglich zu zeichnen: Linke Politiker seien per se intelligenter, eloquenter, moralischer, ehrlicher etc. als ihre Mitbewerber aus dem rechten und konservativen Spektrum.

Um dieses Zerrbild der Realität aufrechterhalten zu können, muss viel geframt, manipuliert, verschwiegen und getrickst werden. Die *Süddeutsche Zeitung* verteidigte sogar, so wie andere Mainstream-Medien, Baerbocks Grundschulenglisch und bezeichnete die Kritik daran als »Posse um ihren Akzent«.[12] Wer es trotzdem wagt, Baerbocks sprachliche und intellektuelle Defizite zu thematisieren, ist ein Nazi oder russischer Kollaborateur. Die *Frankfurter Rundschau* wetterte: »Rechte Kreise stürzen sich auf Baerbock-Versprecher.«[13]

Linke Journalisten, vornehmlich vom *Spiegel*, haben dem ehemaligen konservativen deutschen Bundespräsidenten Heinrich Lübke (1894–1972) sogar zahlreiche Versprecher und ein schlechtes Englisch angedichtet, um ihn zu diskreditieren und lächerlich zu machen.[14] Dass etwa Lübcke bei einem Pferderennen zur britischen Königin Elisabeth II. gesagt haben soll: »Equal goes it loose« (»Gleich geht es los«) war eine Erfindung von *Spiegel*-Redakteuren.[15]

Während die Mainstream-Medien wie der *Spiegel* bei Politikern wie Baerbock selbst gröbste Fehlleistungen, Fehltritte und Skandale vertuschen beziehungsweise ins Positive framen, stehen nicht linke Politiker unter strengster Beobachtung, selbst kleinste Wissenslücken oder Unsicherheiten werden medial großgespielt, man schreckt nicht einmal davor zurück, ihnen Fehler und Skandale, die sie nicht begangen haben, anzulasten.

Mit solch miesen und subversiven Methoden braucht man bei Baerbock nicht zu arbeiten, alles, was sie in diesem Buch lesen, jedes der vielen Zitate ist authentisch und nachprüfbar. Ich habe nichts erfunden oder hinzugefügt. Entstanden ist ein verstörendes Bild einer Politikerin, die wie keine andere den aktuellen, woken Zeitgeist verkörpert und die wie keine andere für den Niedergang »ihres« Landes und des Westens steht. Es ist deshalb auch ein Buch über die woke Gesellschaft, es ist das Sittenbild einer linken Herrscherklasse, die Deutschland skrupellos zugrunde richtet.

Werner Reichel

Best of Baerbock I: Inkompetenz und Bullshit

Mit Annalena Baerbock hat jemand die politische Bühne betreten, der nichts weniger will, als die Welt zu einem besseren und gerechteren Ort zu machen, der die Wälder, Meere, die Atmosphäre, ja, den gesamten Planeten retten will. Das Universum hat sie von ihrem segensreichen Wirken (vorerst) noch ausgeklammert. Im Nebenjob ist sie deutsche Außenministerin und vertritt damit die Interessen – zumindest laut ihrer Stellenbeschreibung – eines 85-Millionen-Einwohner-Landes[16] in der ganzen Welt.

Eine klimagerechte Welt in den nächsten drei Jahrzehnten zu bauen bedeutet, vom übergeordneten Ziel her zu denken.[17]

Annalena Baerbock, 2021

Wer so große Ziele, eine solche Verantwortung und Herkulesaufgabe übernommen hat, der muss nicht nur überdurchschnittlich intelligent und gebildet sein, analytisch und strategisch denken können, der muss, wie einst Leonardo da Vinci, ein Universalgenie sein, über Wissen und Kompetenzen in vielen Fachgebieten, von Völkerrecht bis Geopolitik, von Naturwissenschaften bis Diplomatie, verfügen, mehrere Sprachen beherrschen, kurz dem gemeinen Bürger in nahezu jeder Beziehung überlegen sein. Genau so jemand ist Annalena Baerbock. Davon ist sie überzeugt. Dass sie sich und ihre Fähigkeiten maßlos überschätzen könnte, kommt ihr aufgrund ebendieser Hybris erst gar nicht in den Sinn.

Sie hat keine Zweifel, dass sie die Antworten, auf die großen Fragen unserer Zeit kennt, sie weiß, wie man unsere moderne und komplexe Welt in eine bessere Zukunft steuert. Annalena Baerbock ist wie fast alle Grünen davon überzeugt, auserwählt zu sein, einer geistig-moralischen Elite anzugehören, es besser zu wissen als alle Generationen der Menschheit vor ihr, und nicht nur dem gemeinen Bürger, sondern auch den Staatsmännern rund um den Globus moralisch und intellektuell überlegen zu sein. Sie beschimpft den chinesischen Präsidenten, ermahnt den Premier von Ungarn, gibt dem israelischen Ministerpräsidenten gute Ratschläge, kritisiert Donald Trump etc. Baerbock setzt mit ihrer Besserwisserei und Überheblichkeit eine eher unschöne deutsche Tradition fort.

Sie kann nicht anders. Sie weiß es eben besser, weiß, wie »wir« das Klima retten, den Wohlstand erhalten, Kriege beenden oder für soziale Gerechtigkeit sorgen können beziehungsweise müssen. Weil einem so großen und genialen Geist wie Baerbock Deutschland als Betätigungsfeld nicht ausreicht, sie sich nicht mit popeligen nationalen Dimensionen begnügen will, ist sie angetreten, die ganze Welt zu verändern.

Wohlstand beruht auf entschlossenen politischen Weichenstellungen in Zeiten des Umbruchs.[18]

Annalena Baerbock, 2021

Wenn Grüne, also linke Fundis, an der Macht sind, herrschen immer »Zeiten des Umbruchs«, dann hat der linke Umbau von Staat und Gesellschaft oberste Priorität. Gesellschaft, Wirtschaft, Energieproduktion, Bildungssystem, Rechtsstaat etc. – alles wird transformiert und aus grüner Sicht verbessert. Wenn Grüne an den Schalthebeln der Macht angelangt sind, herrscht Wendezeit, alles wird »gewendet«: Energie, Ernährung, Bildung, Mobilität etc. Sie nennen es den Great Reset. Wer in einer besseren, gerechteren und friedlicheren Welt leben möchte, der muss nur Baerbock und den Ihren folgen.

Transformationsprozesse brauchen politisches Leadership.[19]

Annalena Baerbock, 2021

Leadership heißt auf Deutsch: Führung, Leitung. Die will die gescheiterte Kanzlerkandidatin Baerbock nicht nur in Deutschland übernehmen, sondern auch im Nahen Osten, in der EU, bei der Klimapolitik, im Ukrainekonflikt, eigentlich auf der ganzen Welt. Sie will den Nahen Osten befrieden, die Armut in der Dritten Welt beseitigen, das Weltklima von Deutschland aus auf 1,5 Grad genau einstellen etc. Selbstzweifel scheint sie nicht zu kennen. Baerbock will nicht in die Fußstapfen von Angela Merkel, die sich als »Weltkanzlerin«[20] definiert hatte, treten, sie will sie überflügeln. Baerbock ist auf dem besten Weg dazu.

Ihre großspurigen Ziele und hohen Ansprüche stehen allerdings im krassen Widerspruch zu dem, was sie an Voraussetzungen und Fähigkeiten mitbringt, was sie tatsächlich leistet. Annalena Baerbock ist bestenfalls eine Schmalspurakademikerin – wenn überhaupt –, sie hat nie in einem echten Beruf gearbeitet, nie ein Unternehmen gegründet oder geführt, nie einen Cent am freien Markt verdient, sie ist selbst als Buchautorin gescheitert[21] und hat auch nach linken Maßstäben nie einen originären Gedanken oder eine neue Theorie entwickelt. Baerbock musste »ihr« Buch vom Markt nehmen, nachdem bekannt wurde, dass sie in großen Teilen von anderen Autoren und Experten abgeschrieben hatte. Sie ist, wie es der Wirtschaftsnobelpreisträger Friedrich August von Hayek ausgedrückt hat, bestenfalls ein »Professional Secondhand Dealer in Ideas«.[22]

Dass ausgerechnet so jemand, der sogar seinen Lebenslauf mit irreführenden und falschen Angaben aufblasen musste,[23] der außerhalb des staatlich geschützten Politbetriebes keinen Fuß auf den Boden bekommen würde, sich anmaßt, Deutschland in der Welt zu vertreten und nebenbei den Planeten zu retten, ist allerdings kein Widerspruch. Im Gegenteil. Ein solch schiefer Lebenslauf ist vielmehr Voraussetzung und Basis für die Überzeugung, die Welt retten zu können. Das schreibt die Psychologin Esther Bockwyt in ihrem Bestseller *Woke – Psychologie eines Kulturkampfes* über Wokeness:

> **Es geht dem Menschen nicht darum, die Welt zu perfektionieren. Entwickeln wir ein solches rationalisiertes Scheinbedürfnis, dann hat das auch etwas damit zu tun, dass wir im Kleinen, auf der Mikroebene bereits solche Schwierigkeiten haben, dass wir einen Ersatz im Großen und weit Entfernten, im Abstrakten suchen. Was wir im Kleinen nicht schaffen, verschieben wir dann auf das große Ganze. Wir verschreiben uns irgendeiner Ideologie, die alles besser machen soll. Wir wollen dann dazu beitragen oder am besten eine Führerrolle bei einer vermeintlichen Weltrettung einnehmen.**[24]
>
> Esther Bockwyt, Psychologin und Autorin, 2024

Anders ausgedrückt: Wer im echten Leben nichts auf die Reihe kriegt, wer sich den Mühen und Niederungen des Alltags entziehen möchte, sich um ein anspruchsvolles Studium und einen fordernden Beruf in einem kompetitiven Umfeld drücken möchte, der flüchtet sich ins Ideologische. Wer im wahren Leben und am freien Markt versagt, verlegt sich auf Moral und Utopie und verfolgt dermaßen hochgesteckte, abstrakte und unrealistische Ziele, dass er gar nicht scheitern kann, weil sein Handeln und Engagement nicht messbar sind und sich einer rationalen Beurteilung entziehen. Wer etwa seinem betagten Nachbarn hilft, muss tatsächlich etwas tun – Zeit opfern, einkaufen gehen, kochen etc. Wer hingegen den Regenwald Amazoniens rettet oder gegen die angebliche Diskriminierung der Schwarzen in den USA kämpft, braucht nur Zeichen zu setzen, sprich, sich in den sozialen Medien zu deklarieren oder einen netten Nachmittag mit Freunden auf einer Demo zu verbringen. Zudem ist linkes Engagement immer von Verantwortung abgekoppelt. Sich etwa für Massenzuwanderung oder Abschaltung von Atomkraftwerken einzusetzen, ist unabhängig davon, was man damit auslöst – Kriminalitätsanstieg, Deindustrialisierung, unzuverlässige Energieversorgung etc.–, im Milieu der linken Gesinnungsethiker immer und ausnahmslos richtig und bewundernswert.

Es gilt die Faustregel: Je inkompetenter ein Politiker, desto ideologischer seine Politik. Sachpolitik und Pragmatismus erfordern Fachwissen, Kompetenz, Erfahrung und Bildung. Sachpolitik ist anstrengend, denn Erfolg und Misserfolg sind für jedermann mess- und sichtbar: Steigt der allgemeine Wohlstand, sinkt die Arbeitslosigkeit, werden die Schulden weniger, entlastet die Steuerreform den Mittelstand, ist die Kriminalität niedrig, sind die Züge pünktlich, ist das Rentensystem sicher, ist der Wirtschaftsstandort wettbewerbsfähig etc.? Das sind die Aufgaben von Politikern, die dem Land und dem Volk dienen. All die hier angeführten Punkte interessieren die »wertegeleitete«, »feministische« und klimabewegte Baerbock nicht. Das hat aber nur am Rande damit zu tun, dass sie als Außenministerin auch andere Aufgaben hat beziehungsweise hätte. Mit solchen Nebensächlichkeiten geben sich Ideologinnen wie Baerbock grundsätzlich nicht ab, ebenso wenig wie Innenministerin Nancy Faeser (SPD) sich um die in Deutschland explodierende Gewaltkriminalität und Wirtschaftsminister Robert Habeck (Grüne) sich um Rezession, Deindustrialisierung und Pleitewelle scheren.

Sie alle verfolgen möglichst abstrakte, realitätsferne Ziele – etwa mit wirtschaftspolitischen und sozialen Maßnahmen die Zusammensetzung der Erdatmosphäre bis auf die hintersten Stellen nach dem Komma zu steuern –, um sich der Bewertung ihrer politischen Leistungen und Problemlösungskompetenzen zu entziehen. Mit hehren Zielen, Moral und kruden Weltrettungsfantasien tarnen sie ihre Inkompetenz, Überforderung, Faulheit und Verantwortungslosigkeit. Das ist auch dringend notwendig, denn Baerbock ist für das Amt der Außenministerin – oder eines anderen Regierungspostens – was ihren Charakter, ihre Ausbildung, ihre kognitiven Fähigkeiten, ihre Allgemeinbildung etc. betrifft, völlig ungeeignet. Ihr fehlen selbst grundlegende Kenntnisse und Kompetenzen für diese verantwortungsvolle Position, die sie so selbstverständlich übernommen hat.

Heute ist der Moment, wo wir uns ehrlich fragen müssen:
Was sind die Folgen für mein Land?
Aber auch: Was sind die Folgen für mein Nachbarland oder ein Land, das Hunderttausende von Kilometern entfernt liegt.[25]

Annalena Baerbock, 2022

Wer, wenn nicht Jetset-Ministerin Baerbock, sollte die Entfernungen zwischen den Ländern zumindest grob einschätzen können, zumal sie selbst in die entlegensten Ecken dieser Welt fliegt. Würde Baerbock tatsächlich Hunderttausende Kilometer weit reisen, würde sie auf dem Mond landen, denn dieser liegt 384 000 Kilometer von uns entfernt. Mit einer Distanz von über 18 000 Kilometern ist Neuseeland das Land, das am weitesten von Deutschland weg ist. Baerbock sollte es wissen, sie war schon da, zum Fotoshooting. Sie hat aber nicht nur mit Entfernungen, sondern auch mit der Zeit ihre Probleme: Der Tag hat

24 Stunden, die Woche 7 Tage und wie viele Tage hat das Jahr? Jetzt bräuchte Baerbock einen Telefonjoker:

Meine Botschaft jeden Tag, in den über 560 Tagen im letzten Jahr, ist: Wir helfen Euch nicht nur, sondern wir stehen an Eurer Seite, solange Ihr uns braucht.[26]

Annalena Baerbock, 2023

Dass das Jahr 365 beziehungsweise 366 Tage hat, ist Grundschulwissen. Baerbock scheitert selbst daran.

Stellt euch das Jahr 2020 vor. Das sind noch 29 Jahre.[27]

Annalena Baerbock, 2020

Zahlen, Zeitabstände, Größenordnungen und selbst die Grundrechenarten scheinen für sie ein echtes Problem darzustellen.

Die haben miteinander irgendwie 75 Prozent im Bundestag oder sogar eine Zweidrittelmehrheit.[28]

Annalena Baerbock, 2020

Eine Frau, für die 66 Prozent mehr als 75 Prozent sind, ist verantwortlich für ein Budget von knapp 7 Milliarden Euro. So viel darf ihr Auswärtiges Amt pro Jahr ausgeben. Selbstverständlich fordert sie mehr Geld von Finanzminister Christian Lindner (FDP) – oder meint sie eigentlich doch weniger? Wer weiß das bei dieser Zahlenakrobatin schon so genau.

Deutschland hat eine Pro-Kopf-Emission von 9 Gigatonnen pro Einwohner.[29]

Annalena Baerbock, 2020

Das ist fast richtig. Sie hat sich nur um ein paar Milliarden Tonnen geirrt. Die Pro-Kopf-CO_2-Emission in Deutschland liegt bei rund 9 Tonnen. Auf die Frage einer Moderatorin bei einem Podiumsgespräch auf der Münchner Sicherheitskonferenz 2023, ob die Ukraine jemals sicher sei, solange Wladimir Putin in Russland regiere, antwortete Baerbock:

If he doesn't change by 360 degrees, no![30]

Annalena Baerbock, 2023

Sie verlangt von Putin eine 360-Grad-Wende. Eine Forderung, der Putin wohl gerne nachkommt. Ist es tatsächlich denkbar, dass sich eine Frau, die laut ihrem Lebenslauf – an dem allerdings erhebliche Zweifel bestehen – in Großbritannien studiert hat, auf internationaler Bühne wegen fehlender mathematischer Kenntnisse, die laut Lehrplan bereits in der 5. Klasse vermittelt werden, blamiert? Es handelt sich jedenfalls nicht um einen einmaligen Versprecher. Bei diesem Podiumsgespräch betonte Baerbock gleich zweimal, dass sich die deutsche Bundesregierung in Sachen Waffenlieferung an die Ukraine »um 180 Grad geändert«[31] habe. Um später noch einmal zu wiederholen, Putin müsse sich hingegen um 360 Grad ändern. Beim Politmagazin *Tichys Einblick* mutmaßte man deshalb: »Offensichtlich hatte Baerbock aus der Schule vage in Erinnerung behalten, dass die Angabe von Bogengraden etwas mit Richtungswechsel zu tun haben könnte. Und da Deutschland sich bereits ›um 180 Grad geändert‹ habe, musste sie wohl von Putin fordern, seine Richtung, um doppelt so viel zu ändern, nämlich um 360 Grad.«[32] Das ist eben alles sehr kompliziert. Und wer mit Raum und Zahlen auf Kriegsfuß steht, tut sich auch mit der Zeit schwer.

Wir müssen die unterschiedlichen Methoden genau analysieren, weil es eben nicht ein Krieg ist, der wie im 19. Jahrhundert geführt wird, mit Panzern alleine.[33]

Annalena Baerbock, 2022

Ja, die legendären Panzerschlachten des 19. Jahrhunderts, als Napoleon mit seiner Panzerarmee 1812 den Russlandfeldzug startete oder im amerikanischen Bürgerkrieg die Tanks der Nordstaaten die Panzereinheiten der Konföderierten besiegten. Falls Baerbock sich dieses Buch durchlesen sollte: Der erste Krieg, in dem Panzer zum Einsatz kamen, war der Erste Weltkrieg, der von 1914 bis 1918 tobte und den Deutschland verloren hat. Nur ein kleiner Hinweis, man kann ja nie wissen, zumal auch Geschichte nicht gerade zu den Stärken der Außenministerin zählt. Wie war das mit der sozialen Markwirtschaft in Deutschland?

Unser Land beruht darauf, dass in Zeiten des Umbruchs durch entschlossenes politisches Handeln wir gemeinsam als Gesellschaft einen großen Schritt vorangekommen sind. '45, nach dem Krieg: gemeinsam gehandelt. In den 60ern, die Sozialdemokraten: die soziale Marktwirtschaft auf den Weg gebracht.[34]

Annalena Baerbock, 2021

Knapp daneben. Der Vater der sozialen Marktwirtschaft und des deutschen Wirtschaftswunders war der CDU-Wirtschaftsminister und spätere Bundeskanzler Ludwig Erhard, der nicht nur kein Sozialdemokrat, sondern ein überzeugter Liberaler und Anhänger des freien Marktes war, also nichts mit den wirtschafts- und gesellschaftspolitischen Utopien der Grünen beziehungsweise der Ampelregierung am Hut hatte. Er propagierte und schaffte vielmehr die Rahmenbedingungen für den »Wohlstand für alle« und nicht wie Baerbock, Habeck und die Globalisten den Verzicht und die Armut für alle.[35] Erhard schrieb in seinem wegweisenden Buch *Wohlstand für alle*: »Demokratie und freie Wirtschaft gehören ebenso logisch zusammen wie Diktatur und Staatswirtschaft.«[36]

Staatswirtschaft ist übrigens das, was die Grünen gerade mithilfe von Energie-, Mobilitäts- und Ernährungswende in Deutschland einführen. Wie Erhard richtig erkannt hat, sind Staats- beziehungsweise Planwirtschaft und Diktatur untrennbar miteinander verbunden. Dass Baerbock Ludwig Erhard kennt, sein Buch gelesen und obendrein auch noch verstanden hat, wäre bei einer Person, die selbst mit der jüngeren deutschen Geschichte ihre Probleme hat, wohl zu viel verlangt:

Da standen wir kurz davor, dass ein Nazi, dass jemand, der nicht auf dem Boden des Grundgesetzes steht, in einem unserer Bundesländer zum Ministerpräsidenten gewählt wird.[37]

Annalena Baerbock, 2021

Baerbock spricht von Thüringen, wo der FDP-Politiker Thomas Kemmerich im Jahr 2020 mit den Stimmen von CDU, FDP und AfD zum Ministerpräsidenten gewählt wurde. Zum Zeitpunkt der Wahl weilte

Angela »Mutti« Merkel in Südafrika, von wo aus sie die demokratische und korrekte Wahl als »unverzeihlichen« Vorgang abqualifizierte, deren Ergebnis rückgängig gemacht werden müsse.[38] Kemmerich trat zurück. Da ist bei Baerbock einiges durcheinandergeraten. Vermutlich hat sie Kemmerich fälschlicherweise der AfD zugeordnet und nicht mitbekommen, dass Kemmerich nicht kurz davorstand Ministerpräsident zu werden, sondern es rund einen Monat lang tatsächlich war. Wie will jemand, der selbst kurz zurückliegende, wichtige politische Ereignisse weder richtig wiedergeben noch einordnen kann, politische Entscheidungen treffen, die über die Zukunft eines Landes, einer Region oder darüber bestimmen, ob Krieg oder Frieden in Europa herrschen.

Wie schwer es Baerbock fällt, historische Ereignisse und Zusammenhänge richtig zu erfassen, einzuordnen und zu beurteilen, zeigt dieses Beispiel noch drastischer: Am 11. März 2021 twitterte Baerbock zum 10. Jahrestag der Reaktorkatastrophe von Fukushima:

> **Zeit innezuhalten und an die vielen Menschen zu denken, die durch das Unglück zu Schaden gekommen sind oder ihr Leben verloren haben. Es ist beruhigend, dass Deutschland nächstes Jahr aus der Hochrisikotechnologie #Atomkraft aussteigt.[39]**
>
> Annalena Baerbock, 2021

Damals, vor 10 Jahren, sind tatsächlich Tausende Menschen in Japan ums Leben gekommen. Sie starben aber nicht an den Folgen des Reaktorunfalls in Fukushima, sondern weil ein Tsunami weite Teile des Landes zerstört und rund 20 000 Menschen in den Tod gerissen hat. An den Folgen des AKW-Schadensfalles sind nicht Tausende gestorben, sondern niemand. Nur die tödliche Krebserkrankung des

Chefs des Atomkraftwerks von Fukushima könnte in Zusammenhang mit dem Reaktorunfall stehen. Selbst die Vereinten Nationen kamen nach einer Untersuchung im Jahr 2021 zu dem Schluss, dass bisher keine gesundheitlichen Folgen unter den Bewohnern der Provinz auf die Strahlenbelastung zurückzuführen seien.[40] In diesem Fall dürften weniger Unkenntnis, mangelndes Wissen und intellektuelle Überforderung Ursache für Baerbocks Fake News sein. Mit dieser Falschbehauptung, dass bei dem Reaktorunfall viele Menschen gestorben seien, wollte sie vielmehr die Dringlich- und Notwendigkeit der längst gescheiterten grünen Energiewende in Deutschland unterstreichen. Ob Baerbock tatsächlich glaubt, der Reaktorunfall in Fukushima hätte Zehntausende Japaner das Leben gekostet oder nicht, spielt dabei keine Rolle, sie erzählt schlicht und einfach Bullshit.

Bullshit ist ein Phänomen, mit dem sich der amerikanische Philosoph Harry G. Frankfurt auseinandergesetzt hat. Frankfurt grenzte den Bullshit von der Lüge ab. Wer lügt, also Lügen erfindet, der muss sich notwendigerweise mit der Wahrheit auseinandersetzen, sie auch als solche anerkennen. Wer hingegen wie Baerbock Bullshit verbreitet, dem ist es völlig egal, ob das, was er erzählt, wahr oder falsch ist. Das sind keine Kategorien, die einen Bullshitter wie Baerbock interessieren. Entscheidend für jemanden, der Bullshit verbreitet, ist einzig und allein, ob das, was er sagt, seinen Zielen dient und einen Nutzen für ihn hat, unabhängig davon, ob es richtig oder falsch, wahr oder erfunden ist. Es zählt nur, dass der Bullshit seinen Zweck erfüllt:

In dieser Gleichgültigkeit gegenüber der Frage, wie die Dinge wirklich sind – liegt meines Erachtens das Wesen des Bullshits.[41]

Harry G. Frankfurt, Philosoph, 2005

Es ist irrelevant, ob tatsächlich Tausende Japaner an den Folgen des Reaktorunfalls gestorben sind oder nicht, das interessiert und kümmert Baerbock nicht, sie will es vermutlich gar nicht wissen. Wichtig ist ihr nur, dass sie mit ihrem Fukushima-Bullshit den Ausstieg aus der Kernenergie und die Energiewende in Deutschland begründen und verteidigen kann. Punkt. Alles andere ist nicht wichtig: Es ging ihr darum, den Menschen mit einer grünen Gruselgeschichte, in der die Atomkraft als gefährliche »Hochrisikotechnologie« die Hauptrolle spielt, Angst zu machen und sie so für den selbstschädigenden Atomausstieg zu begeistern.

Angst ist das beliebteste und effizienteste Machtinstrument der Grünen. Das Spiel mit der Furcht haben sie über die Jahrzehnte perfektioniert: atomarer Super-GAU, saurer Regen, Ozonloch, Klimaapokalypse, Corona, Putin etc. Immer steht die Menschheit knapp vor dem Untergang und kann nur von der grünen Endzeitsekte gerettet werden. Auch das ist Bullshit, die Welt existiert, trotz der von den Grünen seit Jahrzehnten prophezeiten Untergänge, nach wie vor. Sehr viele Aussagen Baerbocks sind ebenfalls Bullshit, Geplapper, aber nicht wirr und inhaltsleer, sondern zielgerichtet. Das ist vor allem eine linke Kommunikationsstrategie. Noch einmal Harry G. Frankfurt:

Da Bullshit nicht notwendig wahrheitswidrig sein muss, unterscheidet er sich von der Lüge durch die falsche Absicht. Der Bullshitter muss uns nicht täuschen und nicht einmal täuschen wollen, weder hinsichtlich der Tatsachen noch hinsichtlich seiner Vorstellung von den Tatsachen. Er versucht aber immer, uns über sein Vorhaben zu täuschen.[42]

Harry G. Frankfurt, Philosoph, 2005

Wer also Baerbock ernst nimmt, dem ist nicht zu helfen, der hat das Wesen Baerbocks und des Bullshits nicht begriffen. »Starke Erzählungen besitzen Macht, ob sie wahr sind oder nicht, ob sie sinnvoll sind oder Bullshit, spielt dabei keine Rolle«, so der Philosoph Gottfried Kinsky-Weinfurter.[43] Und Tausende Tote nach einem Reaktorunfall sind eine starke Erzählung. Geradezu ein Lehrbeispiel für Bullshit ist die Aussage Baerbocks, mit der sie einmal mehr für die weitere Umsetzung der längst gescheiterten Energiewende argumentieren wollte:

Und natürlich gibt es Schwankungen. Das ist vollkommen klar. An Tagen wie diesen, wo es grau ist, da haben wir natürlich viel weniger erneuerbare Energien. Deswegen haben wir Speicher. Deswegen fungiert das Netz als Speicher. Und das ist alles ausgerechnet.[44,45]

Annalena Baerbock, 2018

Baerbock weiß nicht, ob Hochspannungsleitungen, Trafos und Kabel tatsächlich Strom speichern können, es interessiert sie auch nicht. Dafür fehlen ihr zudem die physikalischen Kenntnisse. Doch die Behauptung, dass Stromnetze Energie speichern können, stützt ihr grünes Energiewende-Narrativ. Der »Netzspeicher« dürfte eine spontane Eingebung und kein von grünen Spindoktoren und Kommunikationsexperten erdachtes Scheinargument gewesen sein.

Bullshit wird, wie Frankfurt schreibt, »stets achtlos« und »ohne jede Sorgfalt produziert«, er ist nie »fein gearbeitet«. Wozu auch? Bullshit ist ein Wegwerfprodukt, das stets den aktuellen kommunikativen und politischen Erfordernissen angepasst wird. Baerbock macht es vor. Nachdem ihr der »Das Netz ist der Speicher«-Ausspruch Spott und Häme abseits des stets loyalen Medienmainstreams eingebracht hat, gab ihr ARD-Moderatorin Sandra Maischberger rund 4 Jahre später die Gelegenheit, diese Scharte auszuwetzen. Sie fragte in ihrer Sendung nach, wie Baerbock das damals konkret gemeint habe. Baerbock dachte nicht daran, einen Fehler einzugestehen oder zuzugeben, dass sie Schwachsinn geredet hatte, sondern erzählte einfach neuen Bullshit:

> **[...] sondern wir haben volatile Energie, das heißt, Wind ist nur, wenn Wind weht, logischerweise, und Sonne ist nur, wenn die Sonne scheint. Wir haben Grundlast durch Biomasse und wir haben, und das ist neu, äh, das ist auch interessant für Start-ups und Unternehmen, zum Beispiel Rechenzentren, große Supermärkte, die dann als Energieerzeuger in den Markt reinkommen. Und wenn eine Kühlung, zum Beispiel, bei einem riesengroßen, äh, Produzenten von minus 22 Grad in Zukunft dann auf 20 Grad, minus 20 Grad, runterkühlt, dann ist das Hühnchen immer noch kalt, aber wir können an der Grundlast das Netz, und das war mein Punkt, so stabilisieren, dass sich im Netz die unterschiedlichen Akteure ausgleichen.**[46,47]
>
> Annalena Baerbock, 2021

Das hört sich an, wie Nachrichten in einfacher Sprache, die die ARD für »Menschen mit Lernschwierigkeiten« ausstrahlt, und ist darüber hinaus Bullshit in seiner reinsten Form: Supermärkte als Energieproduzenten, Stromerzeugung durch weniger gekühlte Hühnchen und Fischstäbchen. Das ist für jeden, der auch nur einen Hauch von Ahnung davon hat, wie Strom produziert, gespeichert und transportiert wird, was ein Generator, Kondensator, Akkumulator oder Transformator ist, einfach nur unglaublicher Schwachsinn, Energie-Dadaismus. Allerdings gibt es in unserer Gesellschaft immer weniger Menschen, die etwas von Elektrotechnik verstehen, weil sich immer weniger für MINT-Fächer[48] interessieren oder eine technische Ausbildung absolviert haben, weil in einer woken Gesellschaft Gender- und andere Geschwätz- und Pseudowissenschaften einen höheren Stellenwert haben. Deshalb kommt Baerbock damit durch, weil ihr linkes Zielpublikum inklusive der Haltungsjournalisten diesbezüglich genauso ahnungslos ist wie sie.

Was Baerbock hier herausplappert, ist so gaga, dass es nicht lohnt, sich damit näher zu beschäftigen. Wer behauptet, Supermärkte könnten zu Stromproduzenten werden – indem sie ihre Tiefkühlkost vergammeln lassen –, könnte genauso gut erzählen, Gärtnereien könnten Strom erzeugen, indem sie Elektroden in ihre Gurken und Melanzani stecken. An solchen Bullshit-Erzählungen zeigt sich auch die Baerbock'sche Hybris: Glaubt sie ernsthaft, dass milliardenschwere Konzerne und Unternehmen ihre Hühnchen oder Fertigpizzen einfach aus Spaß beziehungsweise Dummheit mehr als notwendig kühlen, und damit ohne jede Notwendigkeit Geld und Energie verschwenden? Glaubt sie ernsthaft, Unternehmer, Manager, Logistiker und Techniker wären auf ihren »genialen« Ratschlag nicht selbst gekommen, wenn er nicht absoluter Schwachsinn wäre?

Natürlich ist es beim Verbreiten von Bullshit von Vorteil, über keinerlei Fachwissen zu verfügen, damit einen Fakten beim Plappern nicht behindern können, sodass man völlig unbelastet fabulieren kann. Dass diese Gefahr bei Baerbock äußerst gering ist, bewies sie mit einem ihrer legendärsten Aussprüche.

Fragen wie Rohstoffe, Kobold, wo kommt das eigentlich her, wie kann das eigentlich recycelt werden? Da müssen wir natürlich Antworten geben, und da gibt es jetzt die ersten Batterien, die auf Kobold verzichten können.[49]

Annalena Baerbock, 2019

Weil die Mainstream-Presse Baerbock hofiert und sie ihr diesen Bullshit glauben will beziehungsweise muss, werden ihre Bildungslücken, geistigen Aussetzer und ihre fehlende Eignung als Ministerin in der Presse nicht thematisiert und diskutiert. Außer sie stößt auf Kinder, die die Verhaltensweisen und Regeln des linken Mainstreams noch nicht zu 100 Prozent verinnerlicht haben. Dann kann es für Baerbock peinlich werden. Bei der Sendung *Late Night Berlin* befragen Kinder prominente Politiker. Am 22. September 2021 war Baerbock dort zu Gast. Sie erklärte einem Mädchen und einem Jungen, beide etwa 10–12 Jahre alt, wie sie das Klima retten wolle, indem sie Treibstoffe und Autofahren immer weiter verteuern will. Das Mädchen fragte Baerbock: »Möchtest du, dass arme Leute nicht mehr Autofahren, weil es zu teuer ist?« Das bestritt Baerbock zwar, ohne es aber argumentieren zu können. Sie versuchte sich herauszuwinden. Auch das gelang ihr nicht, denn der Junge setzte nach: »Also Reiche können Autofahren so viel sie wollen.« Darauf Baerbock schon etwas genervt:

Ja, auch Arme können Autofahren so viel sie wollen.
Das schreibt ja die Politik nicht vor.[50]

Annalena Baerbock, 2021

Doch, genau das tut die Ampel mit ihrer Politik. Mit gezielten Maßnahmen, die das Autofahren für die unteren, einkommensschwachen Schichten unerschwinglich machen. Das erfasste auch der Junge und hakte nach: »Aber die haben ja nicht so viel Geld. Gerecht ist das nicht.« Worauf Baerbock zu einem anderen Thema überwechselte. Zwei Kinder haben mit einfachen, aber präzisen Fragen die wahren Ziele der grünen Mobilitätswende binnen einer Minute offengelegt: Diese Wende ist eben keine Umstellung von Verbrennungs- auf Elektromotoren, sondern eine vom motorisierten Individualverkehr auf kollektivistische Massenverkehrsmittel. Das hat auch wenig mit Umwelt und Klima zu tun, sondern ist klassische sozialistische Gesellschaftspolitik. Die Verkehrswende-»Expertin« Katja Diehl, die über beste Verbindungen zur Ampelregierung verfügt und die die grüne Umweltministerin Österreichs berät, hat es so ausgedrückt:

Wir nehmen den Deutschen den Traum vom eigenen Auto und vom Eigenheim.[51]

Katja Diehl, Klimaaktivistin und Verkehrswende-»Expertin«, 2023

Lediglich die Oberschicht inklusive grüner Politbonzen sollen künftig noch die halbleeren Straßen mit ihren Elektrolimousinen befahren dürfen. Was Tausende linke Journalisten seit Jahren nicht zustande bringen (wollen), haben zwei Kinder mit wenigen Fragen Baerbock entlockt, nämlich die wahren Ziele hinter der grünen Mobilitätswende. Nicht Journalisten-, sondern Kindermund tut Wahrheit kund. Interessant an dieser Show war auch, dass Baerbock mit den Kindern auf etwa demselben geistigen, intellektuellen und sprachlichen Niveau kommuniziert hat, wie mit Regierungsvertretern und Staatsmännern. Der einzige Unterschied, vor Kinder verhaspelt und verspricht sie sich deutlich weniger oft, vermutlich, weil sie sich weniger verstellen muss, weil sie glaubt, bei Kindern weniger dick auftragen zu müssen. Das ist auch gut so, denn wenn Baerbock versucht, aus ihrer Sicht komplexe Inhalte zu kommunizieren, geht das fast immer in die Hose:

[...], sondern es führt dazu, dass zum Beispiel bei einer Kreditkarte, ein Ehepaar, wo die Frau Alleinverdienerin ist und der Mann gar nichts verdient, der Mann automatisch durch den Algorithmus so eingruppiert wird, dass sie keinen

Kredit aufnehmen kann. Ihr Mann aber schon. Weil nämlich dieses Bild im Kopf ist, bei der Sparkasse oder bei einem Algorithmus der Zukunft, dass der Mann der Alleinverdiener ist.«[52]

Annalena Baerbock, 2023

In der Schule würde jetzt die verständnisvolle Lehrerin sagen: »Liebe Annalena, durchatmen und noch einmal von vorne, ganz langsam Punkt für Punkt.« Auch das mit dem CO_2-Ausstoß scheint Baerbock, obwohl diese chemische Verbindung zentral für die grüne Ideologie und Politik ist, nicht ganz begriffen zu haben:

Menschen mit geringem Einkommen verbrauchen meist weniger CO_2.[53]

Annalena Baerbock, 2021

Falsch. Menschen verbrauchen kein CO_2, sie produzieren es. Beim Atmen tritt – unabhängig von der Höhe des Gehaltsschecks – Sauerstoff in die Blutgefäße über, und auf umgekehrtem Weg wird Kohlendioxid (CO_2) in die Luft abgegeben. Vermutlich wollte Baerbock sagen, dass Menschen mit niedrigerem Einkommen weniger Energie verbrauchen, weil sie kleinere oder gar keine Autos besitzen, weniger oft verreisen und in kleineren Wohnungen mit geringerem Heizbedarf leben etc.

Das könnte man so sagen. Das hört sich aus Sicht eines Laien wie Baerbock aber einfach nicht wissenschaftlich, komplex und klug, sondern einfach nur richtig an. Und darum geht es Menschen wie Baerbock. Sie wollen nicht kompetent und klug sein – das wäre mit zu vielen Mühen und Anstrengungen verbunden –, sondern nur so scheinen, so tun, als ob.

Wenn Baerbock bei ihrem Kurzausflug an die London School of Economics and Political Science schon nichts über Ökonomie, Geopolitik oder Völkerrecht gelernt hat, so doch zumindest die englische Sprache. Das ist eine Fehlannahme: »Peter, Paul and Mary are sitting in the kitchen. Peter, Paul und Maria sitzen im Kittchen.« Okay, der war ausnahmsweise nicht von Annalena Baerbock, sondern von Otto Waalkes. Zu den besten Nummern des Friesen gehört sein Sprachkurs: »English for runaways« – Englisch für Fortgeschrittene. Vermutlich hat Frau Baerbock Englisch bei Otto gelernt, denn was sie auf internationaler Bühne von sich gibt, könnte der Komiker tatsächlich für seine Auftritte gebrauchen:

[...] ceasefire unfortunately doesn't fall from the sky.[54]

Annalena Baerbock, 2024

Waffenstillstand fällt nicht vom Himmel, sagte Baerbock beim Weltwirtschaftsforum in Davos. Deutsche Redewendungen und Phrasen wörtlich ins Englische zu übersetzen (»The yellow from the egg« oder »I think I spider«) hat tatsächlich etwas von Otto Waalkes. Wer so spricht, bringt die anderen stets zum Lachen, entweder freiwillig, wenn man einen Witz macht, oder unfreiwillig, wie Annalena Baerbock. Auch was die Aussprache betrifft, ist die Außenministerin etwa so sattelfest wie ein Pflichtschüler:

South Africa's path to freedom has been a bacon of hope [...].[55]

Annalena Baerbock, 2023

Dass Südafrikas Weg zum Frieden »ein Speck der Hoffnung« sein soll, haben die Südafrikaner wohl mit Humor genommen und als missglücktes Kompliment betrachtet. Die 11 000 Euro, die sie das Londoner Diplom gekostet hat, war, was ihre Fremdsprachenkenntnisse betrifft, eine eindeutige Fehlinvestition, oder wie Baerbock sagen würde:

Se glass is halb empty.[56]

Annalena Baerbock, 2022

Aber auch mit der deutschen Sprache steht Baerbock auf Kriegsfuß, weshalb sie Versprecher am laufenden Band produziert.[57] Eine besonders originelle Fehlleistung unterlief Baerbock ausgerechnet, als sie Russland einmal mehr belehren beziehungsweise maßregeln wollte:

Ich kann nochmal unterstreichen, dass bei uns die Fresse- ... äh Pressefreiheit bedeutet, dass es keine staatliche Einmischung in dem Bereich gibt.[58]

Annalena Baerbock, 2022

Das war wohl das, was man als freudschen Versprecher bezeichnet. Der Begründer der Psychoanalyse Sigmund Freud (1856–1939) ging davon aus, dass sich Menschen nicht ohne Grund versprechen. Vielmehr ermöglichen deren verbale Ausrutscher, glaubte Freud, einen Blick in tiefere Schichten der Psyche. Im Versprecher offenbart sich bisweilen Verborgenes – ein innerer Konflikt oder verdrängte Gedanken, die mit Scham beziehungsweise Schuld aufgeladen sind.

Das dürfte hier der Fall gewesen sein. Denn in Deutschland sind sowohl die Presse- als auch die »Fressefreiheit« eingeschränkt. Die übergriffige Ampelregierung hat nicht nur die Pressefreiheit mit ihren Initiativen und restriktiven Regeln gegen »Hass« und »Hetze« sowie mit willkürlichen Verboten von rechten Magazinen massiv beschnitten,[59] sie versucht den Bürgern auch – Stichwort Ernährungswende – vorzuschreiben, was sie Essen dürfen und was nicht. Fleisch, Zucker und Fett sind aus Sicht der Grünen fast so gefährlich wie CO_2, Nazis und Russen. Baerbocks Partei- und Regierungskollege Cem Özdemir will deshalb der Lebensmittelindustrie per Gesetz vorschreiben, dass eine Vielzahl an Produkten nur noch nach staatlich vorgeschriebenen Rezepten zubereitet und verkauft werden darf.[60] Die entsprechenden Pläne dafür werden gerade ausgearbeitet. Von wegen Fressefreiheit. Gegessen darf künftig nur werden, was auch den Grünen schmeckt. Ebenfalls in die Kategorie freudscher Versprecher dürfte dieser Aufruf fallen, den sie an ihre Parteigenossen am Wahlabend der EU-Wahl 2019, bei der die Grünen 20,5 Prozent der Stimmen eingefahren haben, gerichtet hat:

Lasst uns dieses Europa gemeinsam verenden.[61]

Annalena Baerbock, 2019

Bemerkenswert und im Sinne Freuds ist auch, dass Baerbock Ukraine und Kokain immer wieder durcheinanderbringt: »kokainisches Getreide«, »Okoine«, »Ostkokaine«.[62] Manchmal sind die verbalen Fehltritte Baerbocks auch die Folge einer toxischen Mischung aus Hybris, Ignoranz, geistig halbverdauter ideologischer Versatzstücke und einer bei den Grünen obligaten autoritären Grundeinstellung. Nach dem islamistischen Attentat in Mannheim, bei dem ein Polizist getötet sowie der Islamkritiker Michael Stürzenberger und vier weitere Personen zum Teil schwer verletzt worden sind, sagte Baerbock:

Wer meint, irgendetwas für dieses Land zu tun, indem er jemandem ein Messer in den Körper rammt, der irrt gewaltig.[63]

Annalena Baerbock, 2024

Ignoranz, Hass, autoritäre Denkmuster und Menschenverachtung haben sich hier zu einer ebenso abstoßenden wie aufschlussreichen Aussage verdichtet. Diese Reaktion auf einen Terroranschlag auf engagierte Menschen, die mutig für Freiheit, Demokratie und gegen die faschistische islamistische Ideologie kämpfen, ist völlig unangemessen und würde unter anderen politischen Rahmenbedingungen und Vorzeichen einen veritablen Skandal auslösen. Baerbock verurteilte weder die Tat noch den Täter, sondern zeigte sogar indirekt Verständnis für die Beweggründe des mordenden Afghanen, während sie dessen Opfer ohne jede Empathie unerwähnt (sie spricht von »jemandem«) ließ beziehungsweise anonymisierte. Schließlich hat der Afghane nur einen »rechten« Hetzer, einen Kritiker der von Linken gesteuerten Massenzuwanderung und Islamisierung Deutschlands zu ermorden versucht.

Baerbock verurteilte das Massaker nicht, sie versuchte nicht einmal Betroffenheit zu heucheln, sie übte weder Kritik am Gedankengut noch an den Zielen des Attentäters, sondern nur an seinen Methoden. Sprich Islamkritiker wie Stürzenberger mundtot und Deutschland zu einem Kalifat machen? Ja, gerne, aber bitte ohne Messer. Baerbock liegt damit auf Linie mit dem obersten Verfassungsschützer Thomas Haldenwang:

Das Kalifat ist eine denkbare Staatsform von ganz vielen, die es weltweit gibt. Es gibt Kommunismus, Sozialismus, es gibt religiös geführte Systeme, es gibt Monarchien … – all das gibt es. All das kann man auch in Deutschland sagen.[64]

Thomas Haldenwang, Präsident des Bundesamtes für Verfassungsschutz, 2024

Ob das Kalifat mit dem Grundgesetz, mit der Verfassung vereinbar ist, scheint den Verfassungs-»Schützer« nicht zu kratzen. Baerbocks menschliche und demokratiepolitisch völlig unangemessene Reaktion auf das Attentat in Mannheim rührt vermutlich auch daher, dass Zigtausende Afghanen, darunter Islamisten und Dschihadisten,[65] über ein von ihr initiiertes Sonderprogramm nach Deutschland eingeflogen wurden. Zudem sollen Mitarbeiter des Baerbock-Ministeriums Visa für Migranten mit gefälschten Pässen beziehungsweise fragwürdigen Papieren ausgestellt haben, um die Massenzuwanderung aus dem Orient auch über eine (mutmaßlich) illegale Schiene voranzutreiben, wie das Magazin *Cicero* bei seinen Recherchen herausgefunden hat:

Demnach soll Annalena Baerbock (Grüne) die Diplomaten in den deutschen Botschaften seit Jahren dazu gedrängt haben, auch Visa für Afghanen, Syrer und Türken mit gefälschten Papieren auszustellen und diese nach Deutschland zu holen. Sicherheitsbedenken wischte das Ministerium dabei beiseite.[66]

NiUS, 2024

Angesichts ihrer hier aufgelisteten politischen, sprachlichen und intellektuellen Fehlleistungen sowie der Skrupellosigkeit bei der Umsetzung ihrer Pläne und Utopien, die bis an die Grenzen des Rechts und möglicherweise darüber hinausgeht, hätte Baerbock niemals in eine solche Position gelangen dürfen beziehungsweise längst ihres Amtes enthoben werden müssen. Allein die Tatsache, dass unter ihrer Verantwortung beziehungsweise sogar unter ihrer Anleitung Tausende Muslime, darunter mit großer Wahrscheinlichkeit viele Islamisten, Terroristen, Verbrecher etc., mit gefälschten beziehungsweise fragwürdigen Papieren die Einreise ermöglicht worden ist, wäre dafür ein mehr als ausreichender Grund. Dieser Ansicht ist auch der bekannte Philosoph Richard David Precht:

Unter normalen Bedingungen hätte die im Auswärtigen Amt noch nicht einmal ein Praktikum gekriegt.[67]

Richard David Precht, Philosoph und Autor, 2023

Doch in Deutschland herrschen, seit die Grünen in die Regierung eingezogen und die Mainstream-Medien sich geschlossen zu ihren Handlangern haben machen lassen, keine »normalen Bedingungen« mehr, sondern die »neue Normalität«.

Die Überfliegerin: Präpotenz und Realitätsverlust

Ihre eklatanten Bildungs- und Wissenslücken, ihre limitierten intellektuellen Fähigkeiten und weitere Defizite kompensiert Annalena Baerbock, so wie viele andere Menschen auch, mit Arroganz und Präpotenz.

Arroganz ist das Selbstbewusstsein des Minderwertigkeitskomplexes.[68]

Jean Rostand, französischer Biologe, Schriftsteller und Philosoph (1894–1977)

Zwar ist Baerbock stets darauf bedacht, sympathisch, freundschaftlich und bürgernah rüberzukommen, den bodenständigen Kumpeltypen zu geben, was ihr aber nicht durchgängig gelingt. Immer wieder kommt ihr wahres Gesicht, ihr Charakter zum Vorschein. So spürt selbst der vom Mainstream indoktrinierte Medienkonsument, dass ihre zur Schau gestellte Philanthropie und Toleranz nicht allen, sondern nur bestimmten Gruppen von Menschen gilt, nämlich jenen, die ihr und ihrer Politik unkritisch folgen beziehungsweise jene Milieus, die sie für ihre politischen Ziele instrumentalisieren kann.

Alle anderen, die »Klimaleugner«, »Rechten«, »Xenophoben«, »Islamophoben« und was das linke Gruselkabinett sonst noch zu bieten hat, verachtet und bekämpft sie. Ihre Menschenliebe ist Fassade, eine durchschaubare politische Strategie. Ungerechtigkeiten, das Leid und die Not der anderen beklagt und thematisiert sie nur, wenn es ihren linken Zielen dienlich ist und sie daraus politisches Kapital schlagen kann.

Wenn wir ernst meinen, dass dieser Moment ein Moment war, über den wir nicht hinweggehen können, weil Menschen alles verloren haben, dann muss Klimaschutz im Mittelpunkt der nächsten Regierung stehen.[69]

Annalena Baerbock, 2021

Baerbock instrumentalisierte etwa im Bundestagswahlkampf 2021 in besonders perfider Weise die Flutkatastrophe, bei der allein im Ahrtal 135 Menschen ums Leben gekommen sind, um für ihre grüne Klimapolitik und damit für sich zu werben. Baerbock stellte die Flutkatastrophe und damit die vielen Todesopfer als direkte Folge des menschengemachten Klimawandels dar, was hochgradig unseriös und wissenschaftlich nicht haltbar ist.[70]

Vielmehr stellte sich heraus, dass für die hohe Zahl an Todesopfern vor allem Baerbocks Parteikollegin Anne Spiegel die Hauptverantwortung trug. Spiegel hatte als verantwortliche Umweltministerin von Rheinland-Pfalz beim Krisenmanagement komplett versagt, in der Flutnacht sogar Falschinformationen über die Lage verbreiten lassen und war stundenlang nicht erreichbar. Diese Falschinformationen und die zu späten beziehungsweise unterlassenen Evakuierungen kosteten mehreren Dutzend Menschen das Leben.[71] Die danach zur Bundesfamilienministerin aufgestiegene Spiegel musste, als das Ausmaß ihrer tödlichen Inkompetenz bekannt wurde, 2022 zurücktreten. Baerbock, die ohne Skrupel die Flutkatastrophe mit problematischen Behauptungen für ihre politischen Ziele instrumentalisiert hatte, bedauerte die zurückgetretene Anne Spiegel, nicht aber die vielen Opfer, die aufgrund ihres Versagens, das Baerbock selbstredend nicht erwähnte, ihr Leben lassen mussten.

> **Anne Spiegel ist durch eine extrem harte, persönlich unglaublich schwere Zeit gegangen. Mit dem heutigen Tag ist für sie nicht nur politisch, sondern auch persönlich ein Weg beschritten worden, der glaube ich deutlich macht, wie brutal Politik sein kann.**[72]
>
> Annalena Baerbock, 2022

Jeder Krieg, jede Katastrophe und jeder Konflikt, egal wo auf der Welt, wird für die Umsetzung ihrer politischen Agenda – Massenzuwanderung, Globalisierung, Multikulturalisierung etc. – entsprechend ausgeschlachtet. Während sich Baerbock für vermeintlich oder tatsächlich verfolgte Afghanen, Syrer, Marokkaner oder Nigerianer öffentlichkeitswirksam einsetzt, ist ihr das Schicksal der eigenen Bürger gleichgültig. Die Verehrung des Fremden und die Verachtung des Eigenen, ein zentrales links-grünes Dogma, das auf einen der Urväter des Gutmenschentums, auf den in Genf geborenen Philosophen Jean-Jacques Rousseau (1712–1778) zurückgeht, hat Baerbock tief verinnerlicht.

Dass sich etwa immer mehr deutsche Frauen aus Angst nachts nicht mehr auf die Straße trauen,[73] in den mittlerweile islamisierten deutschen Schulen immer mehr einheimische Kinder gemobbt und drangsaliert werden,[74] immer mehr deutsche Rentner nach einem arbeitsreichen Leben in Armut dahinvegetieren müssen, dazu hört man von Baerbock nichts. Ihr Interesse, ihre Empathie und politische Zuwendung hat sich nur verdient, wer im starren und letztendlich rassistischen Täter-Opfer-Konzept der Linken und der Globalisten der Kategorie der Verfolgten, Unterdrückten und Benachteiligten zugerechnet wird. Der Durchschnittsdeutsche beziehungsweise Europäer gehört immer der anderen, der Täterseite an, selbst dann, wenn er per Quote im Berufsleben diskriminiert oder von seinen »Opfern« krankenhausreif geprügelt wird.

Und Frau Baerbock fühlt sich, obwohl oder eben weil sie weder eine vernünftige Ausbildung noch jemals einen richtigen Beruf ausgeübt und ihr internationales Diplom de facto gekauft hat,[75] anderen Menschen, die tatsächlich etwas leisten und erfolgreich sind, intellektuell, moralisch und in jeder anderen Beziehung überlegen.

Frau Baerbock ist eine sich selbst maßlos überschätzende Person, deren Inkompetenz nur noch von ihrer hohen Meinung von sich selbst übertroffen wird.[76]

Joachim Steinhöfel, Rechtsanwalt und Publizist, 2024

Ihren gesellschaftlichen Status, ihren Machtanspruch, ihre Autorität und die Selbstverständlichkeit, als Außenministerin mächtige Staatsmänner wie Chinas Xi Jinping oder Indiens Narendra Modi belehren und maßregeln zu können, leitet sie – entsprechend der woken Ideologie – allein daraus ab, der politisch dominanten Gruppe im Westen anzugehören und die »richtige« politische Haltung übernommen zu haben. In einer woken Gesellschaft zählen nicht Kompetenz, Bildung und Leistung, sondern Haltung, Ideologie und Inszenierung. Um in diesem System auf der sozialen Leiter nach oben zu gelangen, braucht man keine guten Noten, sondern die passenden Quoten, zählt nicht Kreativität, sondern linke Konformität, nicht Leistung, sondern Haltung. Das sind die Erfolgsschlüssel für einen prestigeträchtigen Job oder eine führende Position im steuergeldfinanzierten Polit- und Staatsbetrieb.

Baerbock ist nach woken Kriterien eine Musterschülerin, ihre fehlende Sachkompetenz ist ihr größtes Kapital. Zumal politische

Entscheidungen nicht mehr danach getroffen werden, welche langfristigen Folgen sie für die Bürger und das Land haben, sondern ob sie im Einklang mit der neosozialistischen Ideologie stehen.

> **Heute ist Wokeness für manche ein Statussymbol. Die eigenen Wohltaten, der eigene Einsatz im woken Sinne kann entsprechend selbstbewusst und laut [...] in Szene gesetzt werden, ohne dass jemand bemerken würde, dass es doch vorwiegend um das eigene narzisstische Bedürfnis geht. [...] Manch einer nennt diese Form der Selbstüberhöhung »moralischen Narzissmus«, manch einer »altruistischen Narzissmus«.[77]**
>
> Esther Bockwyt, Psychologin und Autorin, 2024

Linken Gesinnungsethikern wie Baerbock ist es in der Regel gleichgültig, was sie mit ihrer Politik und ihren weitreichenden Entscheidungen auslösen – sowohl im Guten wie im Schlechten. Sie müssen in erster Linie der herrschenden linken Glaubenslehre entsprechen und denjenigen, der sie trifft, moralisch aufwerten. Politische Entscheidungen werden nicht mehr auf Basis von Fakten und rationalen Überlegungen getroffen, entscheidend sind ausschließlich moralische und ideologische Beweggründe. Wer so agiert, dem winken soziale Anerkennung, eine hohe Reputation und eine steile Karriere. So wurde und wird Angela Merkel, die in Deutschland und Europa enorme und irreversible Schäden verursacht hat, mit Ehrungen und Auszeichnungen überschüttet, darunter allein zwanzig Ehrendoktortitel, das Große Verdienstkreuz des Verdienstordens der Bundesrepublik Deutschland oder der Nansen-Flüchtlingspreis des UNHCR.[78]

Dass mit der Massenzuwanderung aus dem Orient und Afrika weder die Probleme in den Herkunftsländern der Migranten noch die im Westen gelöst werden, dass die Energiewende das Klima nicht »rettet« und Waffenlieferungen an die Ukraine und die Sanktionen gegen Russland den Krieg nicht beenden, ist ebenso zweitrangig wie, dass die Massenzuwanderung den deutschen Sozialstaat zerstört, die Energiewende das Land deindustrialisiert und die westliche Russlandpolitik die Lage in der Ukraine immer weiter eskalieren lässt. Entscheidend sind die moralische und die symbolische Ebene sowie die Umsetzung jener Ziele, die man vor der Öffentlichkeit hinter der gutmenschlichen Fassade verbirgt.

Politiker wie Baerbock und die anderen Grünen machen nicht Politik, um Probleme zu beheben, dem Land zu dienen, gute Rahmenbedingungen für die Bürger und die Wirtschaft zu schaffen sowie für Sicherheit zu sorgen, sie »setzen Zeichen«, es geht um die Symbolik, um »Virtue signalling« und um die Zurschaustellung der eigenen überlegenen Moral, auf deren Basis man seine Macht- und Herrschaftsansprüche geltend machen kann. Sozialisten wie Baerbock – egal ob rote oder grüne – »retten« nicht die Arbeiterschaft, »diskriminierte« Minderheiten, die Ausländer, die Schwulen, das Klima oder den Regenwald, sondern immer nur sich selbst und ihr Milieu. Die Rettung von wem oder was auch immer ist ihr politisches Geschäftsmodell. Sie brauchen die Unterdrückten, Verfolgten, Diskriminierten, die Starkregenfälle und Hitzetage nur, um dieses Geschäftsmodell, also die auf moralischer Erpressung beruhende Ausbeutung der Bürger, rechtfertigen und am Laufen halten zu können. Nein, die Grünen sind weder in der Lage noch willens, die realen Probleme unserer Zeit zu lösen, sprich die Massenzuwanderung einzudämmen, für innere und äußere Sicherheit zu sorgen, den allgemeinen Wohlstand zumindest zu halten etc.

Grüne Politiker wie Baerbock sind die Marionetten beziehungsweise nützlichen Idioten jener Machtzirkel und Kreise, die sich nicht eitel wie Habeck, Lang und Özdemir im politischen und medialen Rampenlicht sonnen wollen, sondern abseits davon die Fäden ziehen. Wie wertvoll sie für diese Kreise sind, zeigt unter anderem die

Tatsache, dass sie sogar kurzzeitig – nicht trotz, sondern aufgrund ihrer bisherigen katastrophalen politischen Perfomance – als EU-Kommissarin im Gespräch war.[79] Inwieweit sich Baerbock dessen bewusst ist, wird wohl unbeantwortet bleiben müssen.

Bei Personen wie Baerbock spricht man vom Dunning-Kruger-Effekt. Dieser bezeichnet die kognitive Verzerrung im Selbstverständnis besonders inkompetenter Menschen, das eigene Wissen und Können extrem zu überschätzen. Diese Neigung beruht auf der Unfähigkeit, sich selbst mittels Metakognition objektiv zu beurteilen. Bei diesen Menschen haben Selbst- und Fremdwahrnehmung kaum noch Berührungspunkte. Popstar Dieter Bohlen hat dieses Phänomen auf den Punkt gebracht:

Das Problem ist: Mach einem Bekloppten klar, dass er ein Bekloppter ist.[80]

Dieter Bohlen, Popstar

Die beiden amerikanischen Sozialpsychologen David Dunning und Justin Kruger formulierten es wissenschaftlicher. Sie stellten bei ihren Experimenten fest, dass besonders inkompetente Personen dazu neigen:

- ihre eigenen Fähigkeiten zu überschätzen,
- überlegene Fähigkeiten bei anderen nicht zu erkennen und
- das Ausmaß ihrer Inkompetenz nicht richtig einzuschätzen.

Deshalb ist Baerbock überzeugt davon, auf Augenhöhe mit Experten diskutieren und Benjamin Netanjahu die Situation in Israel erklären zu können – oder in einer Talkshow Millionen von Deutschen, dass Stromleitungen in der Lage sind, Energie zu speichern. Weil sie dabei weder von ihrem politischen Umfeld noch von den Mainstream-Medien korrigiert, sondern in ihrem Unvermögen sogar bestätigt wird, hat sich diese substanzlose Überheblichkeit im Lauf ihrer Politikerjahre immer weiter verfestigt und ausgewachsen. Die Kluft zwischen Eigen- und Fremdwahrnehmung könnte bei Baerbock kaum größer sein:

Wer heute noch nicht begriffen hat, dass der Wirtschaftsstandort Deutschland den Bach runtergeht, wenn nicht alle Bereiche klimaneutral werden, kann in einem führenden Unternehmen oder in der Politik keine Verantwortung tragen.[81]

Annalena Baerbock, 2020

Diese nahezu lückenlose Inkompetenz, diese Ignoranz gegenüber Fakten, diese Unfähigkeit, Fachleute von linken Scharlatanen zu unterscheiden, diese radikale Realitätsverleugnung sind die Grundvoraussetzung dafür, um ideologische Projekte wie die Energiewende kompromisslos vorantreiben zu können. Wer auch nur über ökonomisches und naturwissenschaftliches Halbwissen verfügt, hätte zu viele Bedenken, diese wahnwitzige Politik mit einer derartigen Radikalität durchzuziehen. Für die Umsetzung politischer Experimente wie der Massenzuwanderung, der Geschlechtervielfalt oder der Energiewende braucht es Persönlichkeiten wie Baerbock. Menschen, die ihr Handeln selbstkritisch reflektieren, die über eine humanistische Bildung und einen halbwegs intakten moralischen Kompass verfügen, die ihr Leben ohne staatliche Gelder meistern sowie ihre intellektuellen Fähigkeiten und ihr Wissen realistisch einschätzen können, wären zu einer derart verantwortungslosen Politik nicht imstande, außer in böser Absicht.

Und ich hoffe, ich mache es jetzt nicht zu komplex. Dazu neigt man manchmal als Fachpolitikerin ja.[82]

Annalena Baerbock, 2018

Fachpolitikerin in welchem Fach? Trampolinspringen? Denn das ist vermutlich das Einzige, das sie jemals halbwegs erfolgreich praktiziert hat. Dass sic keine Völkerrechtlerin ist, ist mittlerweile bekannt, dass sie als Außenministerin eine internationale Lachnummer ist, ebenfalls, und ihre mangelnde Allgemeinbildung stellt sie nahezu täglich unter Beweis (Kobold, Netz als Speicher etc.). Trotzdem prahlt sie damit, dass sie als »Fachpolitikerin« dem Durchschnittsbürger dermaßen überlegen sei, dass dieser ihr intellektuell nicht folgen könne. Das vorangegangene Baerbock-Zitat bezog sich auf die Energiewende. Baerbock, die Fachexpertin in Sachen Kohle- und Atomausstieg, Windkraft, Energiesicherheit und Energiespeicherung etc. Da lachen sogar die Kobolde.

Weil Baerbock – wie praktisch alle Grünen – in einer medialen Komfortzone agiert, sprich nicht mit kritischen Fragen belästigt wird und ihre Konzepte und Aussagen nie einer kritischen Überprüfung unterzogen werden, kann sie ihre Scheinwelt, in der sie eine alles überstrahlende Lichtgestalt ist, die sowohl dem Durchschnittsbürger als auch den politischen Mitbewerbern in puncto Moral, Wissen, Kompetenzen etc. überlegen ist, gut aufrechterhalten. Sie sieht sich aber auch innerhalb ihrer »Ingroup« auf der obersten Sprosse der grünen Hierarchie. Robert Habeck ist für Baerbock jedenfalls nur der Bauerntrottel:

In manchen Dingen sind wir sehr anders. Und da gibt's natürlich Themen. Vom Hause her kommt er – Hühner,

Schweine, ich weiß nicht, was haste? – Kühe melken. Ich komm eher aus'm Völkerrecht [...].[83]

Annalena Baerbock, 2020

Baerbock kanzelt mit diesem Seitenhieb in einem Interview, das sie mit Habeck gemeinsam für die NDR-Doku *Baerbock und Habeck – Kurs aufs Kanzleramt?* gegeben hat, ihren Kollegen beziehungsweise Konkurrenten um die Parteispitze ab, um sich selbst aufzuwerten. Basis für ihre Selbsterhöhung und ihr Überlegenheitsgefühl ist in erster Linie ein getürkter Lebenslauf. Das zeigt nicht nur ihr gestörtes Selbstbild, sondern auch ihren fragwürdigen Charakter. Erstens, weil sie offenbar auf Menschen, die in der Landwirtschaft beschäftigt sind, herabsieht und diese als sozial minderwertig betrachtet. Zweitens würde kein Mensch mit Anstand, selbst wenn Habeck nur ein dümmlicher Schweinehirt und Baerbock eine weltgewandte Völkerrechtlerin wäre, was sie erwiesenermaßen nicht ist, das niemals so gehässig und überheblich formulieren, wie Baerbock es getan hat. Diese offen zur Schau gestellte Arroganz, für die es keinerlei Grundlage gibt, macht Baerbock hochgradig unsympathisch. Das Phänomen, dass Menschen wie Baerbock, die keiner für die Allgemeinheit nützlichen und produktiven Tätigkeit nachgehen, jene verachten, die das tun, hat der Soziologe Helmut Schelsky schon in den 1970er-Jahren beschrieben:

Die Klasse der Heilsherrscher lebt »immer von der Arbeit der anderen«, deren »Alltagsmühen und -anstrengungen sie als minderwertige Lebensform verleumden und zugleich ausbeuten«.[84]

Helmut Schelsky (1912–1984), Soziologe, 1975

Dieses präpotente und in keiner Weise durch reale Lebensleistungen unterfütterte Auftreten gegenüber Habeck kann sich Baerbock nur deshalb erlauben, weil sie als woke gesinnte Frau in der Hierarchie ihrer geschützten grünen Werkstätte weit über dem alten weißen Mann und Schweinebauern Habeck steht. Entsprechend gequält und hilflos lächelte dieser seine öffentliche Erniedrigung durch die Quotenfrau weg. Offenbar verdirbt die Quote den Charakter jener Menschen, die durch sie in Positionen gelangt sind, wo sie nicht hingehören. Wer sein übersteigertes Selbstbewusstsein ausschließlich aus Quoten, Geschlecht, Moral, Ideologie und dem Feedback seiner eigenen politischen Echokammer bezieht, hat sich ganz gezielt den klassischen Leistungs- und Bewertungskriterien entzogen, hat sich gegen objektive Beurteilungen und Kritik immunisiert. Selbst wenn Baerbock auf ganzer Linie versagt, ihr Scheitern offenkundig und sogar messbar ist – etwa, wenn die Sanktionen gegen Russland weniger der russischen als der deutschen Wirtschaft schaden und auch den Krieg nicht beenden oder der CO_2-Ausstoß aufgrund der Energiewende nicht sinkt, sondern steigt –, spielt das keine Rolle, denn vom moralischen und ideologischen Standpunkt aus hat sie politisch »korrekt« gehandelt, das »Richtige« getan. Afghanen – gerne auch illegal – massenhaft ins Land zu holen, ist aus dieser Perspektive auch dann ehrenwert und richtig, wenn diese für den massiven Anstieg bei Morden, Vergewaltigungen und anderen Gewaltverbrechen in Deutschland verantwortlich sind. Moral und Ideologie überlagern die Realität, haben eine höhere Priorität als selbst (deutsche) Menschenleben.

Immerzu werden die Grenzen der Realität gesprengt, und in diesem kindlichen Sinne verwundert es nicht, dass gerade in Kombination mit der starken narzisstischen Kränkbarkeit (Übersensibilität) eine Regression in kindliche Erlebensmuster einhergeht. In dieser kunterbunten, von der Realität

und Kränkung abgeschirmten Welt, verlernt man immer mehr, mit den begrenzenden Eigenschaften der Realität zurechtzukommen.[85]

Esther Bockwyt, Psychologin und Autorin, 2024

Auch innerhalb der Grünen sieht sich Baerbock als Vorbild, als Hohe Priesterin grüner Moral. Von diesem von ihr und den Mainstream-Medien errichteten moralischen Podest, kann Baerbock andere belehren und maßregeln, ohne selbst mit Kritik in einer vernünftigen und erwachsenen Weise umgehen zu können. Kritische Selbstreflexion ist ihr völlig fremd.

In Betracht zu ziehen, dass man sich selbst auch einmal irren kann, die Fähigkeit sich selbst zu korrigieren, das alles scheint aus der Mode gekommen und ist gerade in der Auslebung von Wokeness nicht zu finden.[86]

Esther Bockwyt, Psychologin und Autorin, 2024

Wer wie Baerbock an seine Unfehlbarkeit glaubt und die Wahrheit für sich gepachtet hat, sieht in Kritik immer einen ungerechtfertigten und bösartigen Angriff, den man mit aller Gewalt zurückschlagen muss. So hat Baerbock persönlich einen Strafantrag gegen einen bayerischen Unternehmer aus Gmund gestellt, weil dieser es gewagt hatte, auf seinem Grundstück ein satirisches Plakat aufzustellen. Darauf waren Ricarda Lang, Robert Habeck, Cem Özdemir und Annalena Baerbock als kleines trotziges Mädchen mit verschränkten Armen abgebildet, begleitet von dem Satz: »Wir machen alles platt.«[87]

Das kam für Baerbock einer Majestätsbeleidigung gleich und sie unterzeichnete persönlich einen Strafantrag gegen den Unternehmer.

Dazu verwendete sie, um der Sache Nachdruck zu verleihen, sogar den Schriftzug und das Emblem des Auswärtigen Amtes. Im Zuge der Ermittlungen kam es sogar zu einer Hausdurchsuchung bei dem Unternehmer. Die Botschaft, die Baerbock und die Justiz damit an kritische Bürger aussandten, war eindeutig: Überlegen Sie sich gut, ob Sie Baerbock kritisieren, es könnte böse Folgen für Sie haben – bis hin zu Jobverlust und Haft.

Dieser Strafantrag gegen einen aufmüpfigen Bürger war kein Einzelfall. Wann immer möglich, greift Baerbock zu solch drastischen Mitteln, um Kritiker ihrer Politik, die sie als Gegner beziehungsweise Staatsfeinde sieht, einzuschüchtern. So hat etwa ein Münchner Patentanwalt auf einem LED-Laufband in seinem Auto gleich mehrere Regierungspolitiker wegen deren Coronapolitik kritisiert und ihnen originelle Namen verpasst. Während Olaf Scholz und Christian Lindner von einer Strafverfolgung absahen, stellten Robert Habeck und Annalena Baerbock, die der Münchner als »Hadreck« und »Blödbock« bezeichnet hatte, Strafantrag.[88] Das muss die Toleranz sein, die die Grünen von ihren Mitbürgern so gerne anmahnen.

Wenn der Bürger Kritik übt, ist es kein Anlass zum Nachdenken, sondern zur Einschüchterung dieser Stimmen, indem man die großen juristischen Keulen herausholt und die ganze Macht des Amtes zum Einsatz bringt.[89]

Birgit Kelle, Autorin, 2024

Unwirsch bis aggressiv reagiert Baerbock nicht nur auf Kritik aus dem gemeinen Volk, sondern auch auf die von Vertretern von Groß- und Weltmächten. Die kann sie zwar nicht verklagen und einschüchtern, aber zumindest beleidigen. Wenn etwa China Baerbocks anmaßendes, sprich unprofessionelles Verhalten als Vertreterin Deutschlands offen anspricht, verhält sie sich wie jenes Kleinkind, das der bayerische Unternehmer aus Gmund auf seinem Plakat abgebildet hatte: bockig und uneinsichtig.

Ich habe das zur Kenntnis genommen.[90]

Annalena Baerbock, 2023

Mit diesen pampigen Satz hat Baerbock auf schwere diplomatische Verstimmungen reagiert, die sie mit unbedachten und für eine Außenministerin völlig inakzeptablen Äußerungen über China ausgelöst hatte. Es ist ihr gleichgültig, welch schwerwiegende Konflikte und Schäden sie mit ihrem infantil-provokanten und nicht zielführenden Verhalten auslösen kann. Sie agiert so verantwortungslos wie die in dieser Hinsicht gleichgepolten Politiker Robert Habeck oder Angela Merkel. Die damalige Bundeskanzlerin konterte im Herbst 2015 auf parteiinterne Kritik, dass sie Deutschland mit Migranten aus dem Islamgürtel flute und dadurch zerstöre, mit dem legendären Satz:

Ist mir egal, ob ich schuld am Zustrom der Flüchtlinge bin, nun sind sie halt da.[91]

Angela Merkel, ehemalige Bundeskanzlerin, 2015

Dass sie mit ihrer Grenzöffnung dem Land irreversible Schäden zugefügt und viel Leid über die Bevölkerung gebracht hat, wischt sie mit einem menschenverachtenden »mir egal« vom Tisch. Merkel fährt eine Nation mit über 80 Millionen Bürgern ohne Not und demokratische Rückendeckung gegen die Wand und es ist ihr »egal«. Auch

Robert Habeck hat wohl keine schlaflosen Nächte, wenn er mit seiner planwirtschaftlichen Energiepolitik das Zerstörungswerk von Merkel fortsetzt, indem er das Land deindustrialisiert, sprich in Armut, soziale Konflikte und blutige Verteilungskämpfe treibt. Im Gegenteil, er feiert seinen Kurs als großen Erfolg:

Die Emissionen in Deutschland sind im letzten Jahr massiv gesunken. Gerade bei der Stromerzeugung sind wir auf einem sehr guten Weg.[92]

Robert Habeck, Wirtschaftsminister, 2024

Habeck zelebriert den ökonomischen Niedergang Deutschlands und sieht ihn als Erfolg seiner Politik. Aber der Grund für den Rückgang der CO_2-Emissionen sind nicht die von Habeck massenhaft im ganzen Land errichteten Windräder oder Solaranlagen, sondern die Wirtschaftskrise und der dramatische Rückgang der industriellen Produktion aufgrund hoher Energiepreise, da immer mehr Unternehmen abwandern, pleitegehen oder schließen. Das freut den »Wirtschaftsminister« und Kinderbuchautor Robert Habeck.

Charaktere wie Merkel, Habeck und Baerbock sehen in Deutschland und seiner Bevölkerung ein politisches Experimentierfeld mit 85 Millionen Versuchskaninchen. Sie sind politische Hasardeure, die mit ihrer rücksichtslosen Politik die Zukunft eines ganzen Landes oder gar Kontinentes aufs Spiel setzen, die, wenn man die blutigen Folgen der Massenzuwanderung in Rechnung stellt, sogar über Leichen gehen. Wenn sie erwartungsgemäß und nach den Regeln der Logik scheitern, zucken sie verächtlich mit den Schultern. Habeck gesteht sogar offen ein, dass er die Deutschen als Laborratten seines ökosozialistischen Großexperimentes betrachtet:

Die Debatte um das Gebäudeenergiegesetz, also wie heizen wir in Zukunft, war ja ehrlicherweise auch ein Test, wie weit die Gesellschaft bereit ist, Klimaschutz – wenn er konkret wird – zu tragen.[93]

Robert Habeck, Wirtschaftsminister, 2024

Es war also nur ein Test, der – wie alle linken Projekte aufgrund der sozialistischen Ideologie und ihrer immanenten Widersprüche und Konstruktionsfehler – in einem Desaster enden musste. In der medizinischen oder pharmazeutischen Forschung verwendet man für Experimente, um keine Menschen zu gefährden, Ratten oder Mäuse. Solche Skrupel haben Ideologen wie Habeck oder Baerbock nicht, sie brauchen keine Ratten, sie haben ja uns. Sie sehen – auch wenn Habeck das nach massiver öffentlicher Kritik wenig überzeugend bestritten hat – Millionen Deutsche als Laborratten, bei denen es keine Rolle spielt, ob sie frieren, weggesperrt werden (Stichwort Coronapandemie), gegenseitig über sich herfallen oder gar sterben.

Die Habecks und Baerbocks betreiben ihre linken Großexperimente beziehungsweise »Tests« selbst auf die Gefahr hin, Millionen von Existenzen zu zerstören, Kriege auszulösen oder Hunderttausende Arbeitsplätze zu vernichten. Besonders kritisch ist auch die von den Grünen und Globalisten forcierte Ernährungswende zu betrachten, die darauf abzielt, die derzeit noch zum Teil marktwirtschaftlich organisierte Lebensmittelproduktion in Europa auf eine zentral gesteuerte Planwirtschaft umzustellen. Hungerkatastrophen und Hungertote sind dabei vorprogrammiert. Das sollte niemanden verwundern, sind die Grünen doch tief im Marxismus und auch Maoismus verwurzelt. Politiker wie Daniel Cohn-Bendit, Winfried Kretschmann, Reinhard Bütikofer oder Jürgen Trittin waren allesamt bekennende Maoisten, obwohl Mao Zedong mit seinen linken

Experimenten Millionen von Menschen ermordet hat. Allein sein »Großer Sprung nach vorn« hat rund 50 Millionen Menschen das Leben gekostet.[94] Wer solche Vorbilder hat, hat keine Skrupel.

Erstaunlich viele grüne Spitzenpolitiker von heute waren einst Maoisten.[95]

Finn Mayer-Kuckuk, Journalist, *Frankfurter Rundschau*, 2019

Das grüne Spitzenpersonal kann deshalb so verantwortungs- und skrupellos agieren, weil es keinerlei Konsequenzen zu befürchten hat. Selbst bei schwersten Fehlentscheidungen ist die schlimmste Konsequenz, nicht wiedergewählt zu werden und mit einem gut bezahlten Versorgungsposten das restliche Leben genießen zu können. Sie tragen für ihr Handeln und ihre Entscheidungen keinerlei Verantwortung und Risiko.

Der libanesische Mathematiker und Autor Nassim Taleb bezeichnet dieses Phänomen als »Skin in the Game«. Wer keine Haftung für Misserfolge und Fehlentscheidungen übernehmen muss, wer nicht seine »eigene Haut« riskiert, agiert in der Regel verantwortungs- und rücksichtslos. Talebs Botschaft: Entweder du hast etwas zu verlieren – dein Geld, deine Freiheit, deine Ehre, kurzum deine Haut – oder du bist nichts anderes als ein Schwätzer. Wer nicht bereit ist, die eigene Haut zu riskieren, sollte besser schweigen. Taleb nennt die Menschen, die in Politik, Wissenschaft, Management, öffentlicher Verwaltung und anderen wichtigen Schaltstellen risiko- und verantwortungslos agieren »Intellektuellen-Idioten«,[96] die ihre kleine mit der echten Welt verwechseln.

»Intellektuellen-Idioten« übersehen eine Unterscheidung, die den Blick auf die menschlichen Angelegenheiten

radikal verändert: Alles Menschliche ist nicht kompliziert, sondern komplex. Während in einem komplizierten System eindeutige Ursache-Wirkung-Zusammenhänge bestehen, die womöglich schwer zu durchschauen, aber wenigstens im Prinzip erfassbar sind, treten in komplexen Umgebungen immer und überall unvorhersehbare Wechselwirkungen und nichtlineare Reaktionen auf. Ursache ist zugleich Wirkung, Wirkung immer auch Ursache – und die kleinste Aktion kann die grösste Wirkung haben.[97]

René Scheu, Journalist, *NZZ*, 2018

Weil das vor allem linke Politiker aufgrund ihres schablonenhaften, ideologischen Denkens nicht erfassen können beziehungsweise wollen, maßen sie sich an, hochkomplexe Systeme wie die Energiewirtschaft, das Klima, die Geopolitik etc. mit simplen und einzelnen Maßnahmen steuern und die Folgen ihres Drehens an den Stellschrauben tatsächlich abschätzen zu können. Das geht so weit, dass sie sich für befähigt halten, ein hochkomplexes System wie das Weltklima mit regionalen Maßnahmen wie der Abschaltung von Atomkraftwerken, der Förderung von E-Mobilität und der Einschränkung des Fleischkonsums über einen Zeithorizont von Jahrzehnten auf Zehntelgrade genau einstellen zu können. Obwohl sie im realen Leben, sprich bei konkreten und vergleichsweise simplen Aufgaben, wie der Erhaltung der inneren Sicherheit oder des Wohlstandes, völlig überfordert sind.

Die Politik der letzten Jahre stand eher für das Gegenteil, war geprägt von Mutlosigkeit und einem zaghaften Auf-Sicht-Fahren.[98]

Annalena Baerbock, 2020

Eine solche Aussage aus dem Mund einer Spitzenpolitikerin ist eine gefährliche Drohung. Jeder, der einen Führerschein besitzt, weiß, warum es überlebenswichtig ist, auf Sicht zu fahren. Wer nicht auf Sicht fährt, in Kurven oder bei Nebel überholt oder rast, ist nicht mutig, sondern gefährdet sein Leben und das anderer. Solche Menschen sollten aus dem Verkehr, respektive der Politik gezogen werden. Früher oder später verursachen sie einen Frontalcrash mit vielen Toten. Ganz Deutschland sitzt auf der Rückbank und am Steuer eine Politikerin wie Baerbock, die nicht nur volles Risiko fährt, sondern auf ihre Kamikazepolitik auch noch stolz ist. Eine Politikerin, die nicht auf Sicht fährt, nimmt zwangsläufig Tote in Kauf. Das machen nur Menschen, die entweder komplett skrupel- und verantwortungslos sind oder die die Realität verleugnen, sprich in einer Parallelwelt leben. Auf Baerbock scheint beides gleichermaßen zuzutreffen. Ihr Selbstbild hat kaum etwas mit ihrem realen Selbst, wie es ein halbwegs neutraler Beobachter wahrnimmt, zu tun. Bei der Talkshow *3nach9* von Radio Bremen antwortete sie auf die Frage des Moderators, wie sie damit umgehe, wenn sie sich einmal mehr verspreche:

Das ist mir noch nie passiert.[99]

Annalena Baerbock, 2023

Diese verzerrte Selbstwahrnehmung und narzisstische Selbstüberhöhung geht stets mit dem Ausblenden von unangenehmen Realitäten einher.[100] Auf die Journalistenfrage, ob sie glaube, dass die Bürger grüne Politik ablehnen, wie das die niedrigen Umfragewerte für die Ampelkoalition und ihre Partei nahelegen, antwortete Baerbock:

Aus meiner Sicht ist die größte Herausforderung, die wir gerade haben, dass die Krisen, dass die Welt, dass die

Situation in diesem Land so komplex ist, dass es den absolut menschlichen Impuls gibt, das ganz einfach zu halten und ganz simpel, und nur ein Thema zu sehen.[101]

Annalena Baerbock, 2023

Was sie damit ausdrücken wollte: Die Bürger sind zu einfach gestrickt, um die ausgefeilte und vorausschauende Politik von ihr und den Grünen auch nur im Ansatz zu begreifen. Die Frau, die auf Kriegsfuß mit der deutschen Sprache und den Grundrechenarten steht, die in Geschichte, Geografie, Ökonomie etc. Bildungslücken so groß wie das Saarland hat, fühlt sich den Bürgern intellektuell überlegen und unterstellt ihnen, dass sie die Komplexität der aktuellen »Situation« und der grünen Strategien nicht erfassen könnten. Dafür bräuchten die unterbelichteten Bürger Geistesriesen und moralische Leitfiguren wie Baerbock, die für sie die komplexen Probleme einer unübersichtlichen Welt bewältigen. Weil sie die hochkomplexe und vielschichtige Politik der Grünen geistig nicht fassen können, sind sie auch nicht in der Lage, sie zu beurteilen oder zu kritisieren. Das ist die Denkweise von Baerbock und den Grünen. Weshalb sie auch auf Kritik entweder nicht oder mit aggressiver Nazirhetorik reagieren und betonen – zum Beispiel nach Wahlniederlagen –, man müsse nur an der Kommunikation und Vermittlung seiner Politik arbeiten, dürfe aber keinesfalls seinen Kurs ändern. So sagte Parteichef Omid Nouripour nach der Wahlklatsche für die Grünen bei der Europawahl 2024:

Wir müssen unsere gute Politik, die wir zuweilen machen, nach vorn stellen.[102]

Omid Nouripour, grüner Co-Parteichef, 2024

Solche Reaktionen auf Wahlniederlagen beziehungsweise Kritik zeigen, dass die Grünen zutiefst davon überzeugt sind, dass die Bürger, die nicht die Grünen wählen, zu dumm für die Demokratie und die Politik ihrer Partei sind. Dass man selbst politisch, inhaltlich und ideologisch falsch liegen könnte, sich mit seiner Klima-, Sozial-, Schulden- und Multikultipolitik auf einem gefährlichen, ja blutigen Irrweg befindet, wird weder angedacht noch diskutiert. Die Dogmen der Grünen sind in Stein gemeißelt.

Nach der Schlappe bei der EU-Wahl 2024 forderten viele Grüne deshalb kein Umdenken, sondern vielmehr eine Schärfung ihrer zentralen Positionen, noch mehr Radikalität bei jenen grünen Themenfeldern, die immer mehr Bürger ablehnen:

Viele Menschen haben große Hoffnungen in die Partei gesteckt. Vor allem beim Thema Klimaschutz, aber auch was eine humanere Asylpolitik angeht. Viele sind auch einfach enttäuscht worden.[103]

Svenja Appuhn, Co-Chefin der Grünen Jugend (GJ), 2024

Man will seine Politik nicht dem Wählerwillen anpassen, sondern die Wähler seiner Politik: durch Indoktrination, Propaganda, Zuwanderung, Desinformation und Umerziehung. Man muss die unmündigen Wähler wie kleine Kinder an der Hand nehmen, sie (um-)erziehen und ihnen die alternativlose Politik und Weisheit der Grünen einbläuen. Die dauerhaft bockigen Kinder werden als Nazis und Rechtsextreme in die Ecke gestellt. So absurd das für Außenstehende, also jene, die sich nicht in der linken Blase bewegen, erscheinen mag, Personen wie Baerbock zählen sich zur geistigen Elite dieses Landes und des Planeten, die aufgrund ihrer überragenden Fähigkeiten und ihrer überlegenen Ideologie befähigt ist, ihre Mitmenschen anzuführen und zu lenken.

Wenn ich den Menschen in der Ukraine das Versprechen gegeben habe »Wir stehen an eurer Seite – so lange, wie ihr uns braucht«, dann will ich das auch einhalten – egal, was meine deutschen Wähler denken.[104]

Annalena Baerbock, 2022

Diese Aussage, dass das, was »meine« deutschen Wähler denken, sie nicht interessiere, war Baerbocks demokratiepolitischer Offenbarungseid. Gefallen ist er auf einer Podiumsdiskussion in Prag im Oktober 2022. Entsprechend groß war die Aufregung in den sozialen Medien: »#BaerbockRuecktritt« war nach dem Bekanntwerden der Aussage der meistgenutzte Hashtag auf Twitter in Deutschland. Und auch unter den Hashtags »Hochverrat« und »Amtseid« empörten sich Tausende Twitter-User. Davon ließ sich Baerbock nicht beeindrucken, hat sie doch eine Mission zu erfüllen, die wichtiger als der Wählerwille, sprich die Demokratie ist. Es sind Persönlichkeiten wie Baerbock und solch autoritäre Denkmuster, die die Menschheit immer wieder in die ganz großen Katastrophen geführt haben. Und Baerbock muss nicht nur für Frieden in Osteuropa, sondern auch für die Rettung des Weltklimas sorgen:

Wir haben mit Blick auf unsere Energie- und Stromerzeugung in Deutschland die richtigen Weichen gestellt. […] Ein wichtiger Teil von Klimaaußenpolitik ist deshalb, heute die Voraussetzungen zu schaffen, dass wir auch bei den Importen auf diesen Pfad gelangen.[105]

Annalena Baerbock, 2022

Wie alle Fundamentalisten, Erleuchteten und Ideologen ist Baerbock überzeugt, das (moralisch) Richtige zu tun und nach bestem linkem

Wissen und Gewissen zu handeln, weshalb ihre Entscheidungen stets politisch alternativlos sind und auch keiner demokratischen Basis oder Kontrolle bedürfen. Baerbocks beziehungsweise die grüne Moral steht über der Demokratie, den Gesetzen, den Bürgerrechten und der Vernunft.

Diese Geisteshaltung, dieser absolute Wahrheitsanspruch und der Wahn, die Welt retten zu müssen und zu können, sind die Ursache für fast alle großen Katastrophen der Menschheit. Die blutig erkämpften Errungenschaften der Aufklärung – Demokratie, Rechtsstaat, Gewaltenteilung etc. – sollen die Bürger vor solchen Charakteren und deren schädlichen Bestrebungen schützen. Ebendiese Errungenschaften haben die Grünen verächtlich über Bord geworfen, denn für die alternativlose Politik zur Rettung des Planeten braucht es weder Wahlen noch Abstimmungen. Michael Klonovsky hat diese Haltung, diese ans Pathologische grenzende Selbstüberschätzung auf den Punkt gebracht:

Es ist absurd zu glauben, dass alles, was die vielen Generationen vor uns leben und überleben ließ, was sie befähigte, die großartigste aller Zivilisationen zu schaffen, plötzlich überholt sei, dass diese Generationen vor uns, denen wir alles verdanken, was uns heute als Komfort dient, und die dafür entbehrt, geschuftet, geopfert, geblutet und gelitten haben, komplett falsch lagen, und ausgerechnet die Heutigen, die nichts erlitten, nichts entbehrt, nichts verehrt, nichts gelernt, nichts geschaffen haben, sondern nur alles aufzehren, kritisieren und demolieren können, dass diese Generation übergeschnappter und wohlstandsverwahrloster Mitläufer, diese »Generation Fatzke« berufen sei, der Menschheit den Weg zu weisen.[106]

Michael Klonovsky, Journalist und Autor, 2022

Die maßlose Selbstüberschätzung geht untrennbar mit einem weitgehenden Realitätsverlust und irrealen Vorstellungen darüber, was machbar und möglich ist und was nicht, einher:

Für die globale Klimatransformation brauchen wir Billionen.[107]

Annalena Baerbock, 2022

Geld spielt für Baerbock keine Rolle, es ist einfach unbegrenzt vorhanden. Wie in Dagobert Ducks Geldspeicher:

Wir sind ein superreiches Land.[108]

Annalena Baerbock, 2021

Ihre Aufgabe sieht sie darin, das viele Geld des »superreichen« und doch hochverschuldeten Deutschlands über den ganzen Globus zu verteilen. Es nach eigenem Gutdünken, nach grüner Gutsfrauenart auszugeben, ist das, was Baerbock und ihresgleichen unter »Politik« verstehen. Dessen, dass Wohlstand erst erwirtschaftet werden muss, und zwar von Menschen, die jeden Morgen aufstehen und den ganzen Tag lang einer produktiven Tätigkeit nachgehen, scheinen sie sich nicht bewusst zu sein. Die Folgen dieses sorg- und skrupellosen Umgangs mit Steuergeldern, sprich mit der Leistung und der Zeit rechtschaffener Menschen, sind dramatisch. Nach nicht einmal 3 Jahren hat die Ampel den Punkt erreicht, an dem jedes sozialistische System zu kippen beginnt:

Sozialistischen Regierungen geht immer das Geld der anderen Leute aus.[109]

Margaret Thatcher (1925–2013), britische Premierministerin

Die Ampel steht vor einem gewaltigen Schuldenberg, weil sie das Geld, das die Deutschen unter immer härteren Rahmenbedingungen erarbeiten müssen, mit beiden Händen in ideologiegetriebenen, sinnlosen beziehungsweise gefährlichen Projekten verbrennen. Und weil jede winzige Insel im Pazifik und jedes Dorf in der Tundra Baerbock emotional näher als der deutsche Durchschnittsbürger ist, verteilt sie das Geld überall auf der Welt:

Baerbock verspricht Niger und Nachbarländern mehr Geld[110]

FAZ, 2022

Annalena Baerbock sagt Moldau zusätzliche Hilfen zu[111]

Zeit online, 2022

Baerbock: Eine Milliarde Euro zur Unterstützung der Ukraine[112]

Deutscher Bundestag, 2022

Auch Baerbock drängt auf Erhöhung von Ukraine-Hilfsgeldern[113]

Bayerischer Rundfunk, 2024

Baerbock verspricht Geld für Syrien[114]

taz, 2023

Baerbock: Unterstützung für libanesische Armee wird erhöht[115]

Berliner Morgenpost, 2024

Mit solchen Schlagzeilen könnte man ein ganzes Buch füllen. Was fleißige Menschen und Unternehmen in Deutschland an Steuern zahlen, verschenkt Baerbock von Islamabad bis Lima, während immer größere Teile der deutschen Gesellschaft in die Armut abrutschen:

Das Thema Altersarmut in Deutschland ist präsenter denn je, sodass manche Rentner sich aktuell nicht einmal mehr Kaffee leisten können. Nach vielen Jahren Vollzeitarbeit reicht die Rente nur für das Nötigste.[116]

Karlsruher Insider, 2024

Dann sollen sie doch Tofu essen … Wer die Welt retten will, kann auf die Befindlichkeiten deutscher Rentner keine Rücksicht nehmen:

Wie lange wird es meine Heimat noch geben?
Für uns ist das vielleicht eine absurde Frage, für die Menschen im Inselstaat Palau im Pazifik ist sie Realität.[117]

Annalena Baerbock, 2022

Das postete die Außenministerin aus dem fernen Palau, wo sie sich barfuß am Strand ablichten ließ. Nein, Frau Baerbock, für Millionen von Deutschen ist die Angst vor dem Verlust ihrer Heimat nicht absurd, sondern ganz real und sie wird angesichts der von den Grünen vorangetriebenen Entwicklungen wie Massenzuwanderung und Islamisierung immer größer. Während Baerbocks Weissagungen, dass Palau wie einst Atlantis im Meer versinkt, auf halbgaren Computersimulationen und den düsteren Vorhersagen ideologisierter Experten – also zeitgeistiger Auguren – beruhen, ist die Auflösung Deutschlands erstens real und zweitens keine Vorhersage, sondern ein Prozess, der schon weit fortgeschritten ist. In vielen Ballungszentren sind junge Deutsche schon jetzt eine Minderheit im eigenen Land.

Um das zu erkennen, bräuchte Baerbock nur mit offenen Augen durch die deutschen Großstädte zu gehen. Um eine untergehende Gesellschaft zu sehen, muss sie nicht nach Palau jetten, die hat sie direkt vor der eigenen Haustür. Während sich Baerbock öffentlichkeitswirksam um die möglichen Folgen des ewigen Klimawandels sorgt, sind ihr die realen und oftmals blutigen Kollateralschäden der Massenzuwanderung in Deutschland völlig gleichgültig: Dieses linksgrüne, globalistische Wahnsinnsprojekt zieht man trotz aller Toten, Vergewaltigten, Verprügelten, Traumatisierten etc. skrupellos durch. Baerbock und ihre grünen Sektenmitglieder haben viel mehr mit jener Ideologie, die sie so demonstrativ verachten und öffentlichkeitswirksam bekämpfen, gemein, als sie erahnen. Der jüdische Soziologe und Antisemitismusforscher Micheal Ley (1955–2023) bezeichnete die 68er und deren Epigonen, also die Grünen, als »Hitlers Kinder«. Sie seien, so Ley, nicht nur die biologischen Kinder der Nationalsozialisten, sondern auch die ideologischen:

Das Absurde der 68er war ihr Kampf gegen einen Feind, der schon längst besiegt war: der Faschismus. Weshalb bekämpften die Kinder des Nationalsozialismus eine Schimäre? Oder führten sie den Kampf der Welterlösung ihrer Eltern weiter? [...] Adolf Hitler und seine total fehlgeleiteten Kinder haben eines gemeinsam: den Größenwahnsinn. Während Hitler die Deutschen zu gottähnlichen Wesen sakralisierte, die aufgerufen seien, die Welt durch ein tausendjähriges Reich zu retten, möchten seine Nachfolger jegliche deutsche und europäische Identität durch eine Massenflutung von Migranten konsequent eliminieren, um einen neuen Menschen zu schöpfen. [...] Hitler und seine Kinder sind gleichsam symbiotisch aneinander gekettet, ihre Zwangsvorstellungen enden notwendigerweise in einem zivilisatorischen Desaster.[118]

Michael Ley (1955–2023), Soziologe, 2018

Auf dieses zivilisatorische Desaster steuern Politiker wie Baerbock in atemberaubender Geschwindigkeit zu – trotz der immer lauter werdenden Hilferufe ihrer 85 Millionen Passagiere. Ihre maßlose Selbstüberschätzung demonstrierte Baerbock auch, als sie aus den USA via CNN-Interview der Welt und Deutschland verkündete, sie werde bei der kommenden Bundestagswahl im Jahr 2025 nicht mehr als grüne Kanzlerkandidatin antreten:

Daher bedeutet in diesen extremen Zeiten staatspolitische Verantwortung als Außenministerin für mich: Statt in einer Kanzlerkandidatur gebunden zu sein, meine Kraft weiterhin voll und ganz meiner Aufgabe zu widmen, Vertrauen, Kooperation und verlässliche Strukturen zu bilden – für und mit so vielen Partnern weltweit und in Europa, die darauf bauen.[119]

Annalena Baerbock, 2024

Ihre Aufgaben als Weltretterin, Friedensstifterin und internationale Heilsbringerin nehmen sie so in Beschlag, dass sie sich nicht auch noch um Deutschland kümmern könne, das solle doch bitte Schweinebauer Habeck übernehmen, den sie bei der vergangenen Bundestagswahl, als es zumindest kurzfristig eine reale Chance für die Grünen auf das Kanzleramt gab, mit der Frauenkarte ausgebootet hatte. Für diesen nunmehr großzügigen Verzicht auf ein Amt, das ohnehin unerreichbar gewesen wäre, hat Baerbock von ihren Parteigenossen und der Mainstream-Presse viel Lob bekommen:

Baerbocks Verzicht auf die Kanzlerkandidatur ist eine kluge Entscheidung.[120]

Redaktionsnetzwerk Deutschland (RND), 2024

Dabei war der Rückzug von einer grünen Fantasiefunktion, die 2021 erst für Baerbock geschaffen wurde, nur eine billige Inszenierung und Flucht nach vorne. Der Fuchs, dem die Trauben zu hoch hängen, gibt vor, sie würden ihm nicht mehr schmecken. Als Vertreterin einer Partei, die in Umfragen bei rund 11 Prozent liegt, auf das Kanzleramt zu verzichten ist in etwa so relevant, wie eine Ankündigung von Ricarda

Lang, sie werde nicht bei der Miss-Germany-Wahl im kommenden Jahr antreten.

Baerbock will nicht für die Wahlniederlage der Grünen verantwortlich gemacht werden und hat deshalb ihre »staatspolitische Verantwortung«, sprich ihre selbst zugeschriebene Wichtigkeit in der Welt vorgeschoben, um auf die Kandidatur für ein Amt verzichten zu können, das für sie und die Grünen ohnehin unerreichbar geworden ist. Natürlich haben politische Freunde wie Gegner dieses furchtbar plumpe bis peinliche Manöver durchschaut. Doch die grüne Klassensprecherin will sich und der Welt bis zum bitteren Ende etwas vormachen, etwas anderes kann sie schließlich nicht.

Die Hochstaplerin: Viel Schein, wenig Sein

Auf dem Parteitag der Grünen am 12. Juni 2021 bestätigten 678 von 688 Delegierten, das sind 98,55 Prozent, Annalena Baerbock als Kanzlerkandidatin. Bereits am 19. April hatte der Parteivorstand das Duo Habeck und Baerbock als die beiden Spitzenkandidaten für den Wahlkampf nominiert. Baerbock hatte als Kanzlerkandidatin das richtige Geschlecht, mehr Sympathien und damit die besseren Voraussetzungen als Habeck. Auch ihr Lebenslauf konnte sich sehen lassen: Völkerrechtlerin, Journalistin, Studium in London, Mitgliedschaften in mehreren einflussreichen internationalen Organisationen. Eine Vita ohne Schwachstellen, die einer Kanzlerkandidatin würdig ist. Doch kurz nachdem Baerbock von den Grünen offiziell ins Rennen um das Kanzleramt geschickt worden war, tauchten Zweifel an der Korrektheit ihrer Angaben auf. Selbstredend nicht in den Mainstream-Medien, die glaubten ihrem neuen Superstar alles, sondern in alternativen Medien und »rechten« Blogs, also jenen Kanälen, denen die Grünen gerne vorwerfen, sie würden »Fake News« verbreiten:

Es kursieren erneut Falschmeldungen über Annalena Baerbock, diesmal über ihre akademische Ausbildung.[121]

Andreas Kappler, Pressesprecher der Grünen, 2021

Dieses Statement verbreitete die Partei, nachdem zwei Journalisten mehrere Fragen zu den Ungereimtheiten in Baerbocks Lebenslauf gestellt hatten. Und weil es sich eben nicht um »Falschmeldungen« handelte, brach gleichzeitig im Hintergrund Hektik aus. Auf mehreren Internetseiten der Partei, der Fraktion, der Parteistiftung und bei der linken *Wikipedia* wurde in einer Nacht-und-Nebel-Aktion der Lebenslauf der Kanzlerkandidatin von »alternativen Fakten und Wahrheiten« gesäubert. So verschwand die Darstellung, Baerbock hätte in Hamburg einen Bachelorabschluss erworben. Auch die Mainstream-Medien mussten den Lebenslauf ihres politischen Shootingstars an die weit weniger glanzvolle Realität anpassen. So auch die *Süddeutsche Zeitung*:

Aus dem »Bachelor in Politikwissenschaften und Öffentlichem Recht« machte die *SZ* über Nacht ein »Studium Politikwissenschaften und Öffentliches Recht« – ohne einen Hinweis darauf zu geben, ob sie es abgeschlossen oder schon nach einer Vorlesung abgebrochen hat.

Geboren 15. Dezember 1980 in Hannover
Beruf Politikerin
Ausbildung Studium Politikwissenschaften und Öffentliches Recht, Master in Völkerrecht an der London School of Economics
Status Grüne Wellenreiterin

Nicht nur der Bachelorabschluss, den sie nie hatte, musste aus ihrer Protzbiografie gelöscht werden, ihr Masterabschluss in Völkerrecht an der London School of Economics and Political Science (LSE), der suggerierte, sie sei Juristin, wurde zu einem Abschluss in Internationalem Recht downgegradet. Gemäß § 132a StGB steht auf das unbefugte Führen inländischer oder ausländischer Amts- oder Dienstbezeichnungen, akademischer Grade sowie bestimmter Berufsbezeichnungen eine Freiheitsstrafe von bis zu einem Jahr.[122] Auch der Hinweis, dass ihre an der FU Berlin begonnene Völkerrechtspromotion derzeit ruhe, musste umgeschrieben werden, denn die hatte sie bereits 2015 endgültig abgebrochen. Der Journalist Alexander Wendt, der wesentlich daran beteiligt war, dass diese Falschangaben öffentlich bekannt wurden, schrieb hierzu:

Aus der Politologin und Juristin mit LLM und kurz vor der Doktorwürde wurde also Mitte Mai eine mitteljunge Frau, die ihr Studium in Hamburg abschlusslos beendet hatte, sich dann für umgerechnet etwa 11 000 Euro in einen Jahreskurs an der LSE einkaufte, bei dem laut Universitätsannalen noch nie ein Absolvent scheiterte, und die es mit diesem Papier wiederum als Promotionsstudentin an die FU schaffte, allerdings, ohne dort etwas abzuliefern.[123]

Alexander Wendt, Autor und Journalist, 2021

Ausbildung & Beruf

Seit 2015 ohne Abschluss exmatrikuliert
~~Doktorandin des Völkerrechts~~, Freie Universität Berlin, ~~Promotion nicht abgeschlossen~~

Referentin für Außen- und Sicherheitspolitik der Bundestagsfraktion von BÜNDNIS 90/DIE GRÜNEN (2008-2009)

Erst ab Ende 2006
~~Büroleiterin~~ von Elisabeth Schroedter, Europaabgeordnete (2005-2008)
In der englischen Fassung: Parliamentary Advisor
Hier stand früher: Brüssel

British Institute of International and Comparative Law
Trainee des ~~British Institute of Comparative and Public International Law~~ (2005)
In früheren Fassungen: Wiss. Mitarbeiterin

Public International Law
Masterstudium an der London School of Economics (LSE): ~~Völkerrecht~~ (2004-2005)

Freie Mitarbeiterin bei der Hannoverschen Allgemeinen Zeitung (2000-2003)
Fraglich, derzeit erst fünf namentlich gekennzeichnete Artikel online gefunden

Politische Wissenschaft (Vordiplom)
Studium an der Universität Hamburg: ~~Politikwissenschaften~~, öffentliches Recht (2000-2004)
(nicht abgeschlossen)
Ohne Nennung: (im Nebenfach), früher auch fälschlich: Jura

Quelle: *plagiatsgutachten.com* (Stefan Weber)

Von ihrer anfänglich durchaus herzeigbaren Vita blieb, nachdem sie ein paar echte Journalisten und keine linken Systemschreiber einem Faktencheck unterzogen hatten, nicht mehr viel übrig. Ein Lebenslauf, mit dem man außerhalb des linken Politikbetriebes wenig Chancen auf einen gut bezahlten Job hat. Denn Baerbock hat in ihrem Leben nichts gelernt, sich kaum Wissen und keine Fähigkeiten angeeignet, die auf dem freien Arbeitsmarkt außerhalb geschützter staatlicher Werkstätten nachgefragt werden würden, wofür jemand freiwillig auch nur einen Cent ausgeben würde.

Zudem flog im Zuge der Debatte auf, dass sie ihren Lebenslauf mit nicht existierenden Mitgliedschaften in prestigeträchtigen Organisationen aufgemotzt, sprich frei erfunden hat, zumal viele dieser Organisationen gar keine Personen als Mitglieder aufnehmen, wie etwa der UNHCR oder der German Marshall Fund. Und zuletzt wurde auch ihre Mitarbeit bei der *Hannoverschen Allgemeinen* von 2000 bis 2003 aus dem Lebenslauf gelöscht, obwohl das ihre einzige Tätigkeit außerhalb des Politbetriebes war. Der Grund: Aus ihrer immerhin 3 Jahre dauernden Karriere als »Journalistin« existieren nur eine Handvoll Texte, zu denen auch Schüleraufsätze zählen, die sie im Rahmen eines Schulprojektes für die Zeitung aus Hannover verfasst hatte.

Der glanzvolle Lebenslauf verwandelte sich bei einer ersten kritischen Prüfung in eine Chronik des Scheiterns, Tricksens und Lavierens. Doch für Baerbock gelten keine normalen Maßstäbe, bewegt sie sich doch erfolgreich in den staatlich und medial geschützten Räumen, die die Linke in den vergangenen Jahrzehnten so zahlreich im deutschen Sozial- und Umverteilungsstaat eingerichtet hat. Erfolg wird hier nicht anhand von Diplomen, Titeln und Leistungen, sondern an Haltung und Moral gemessen. Baerbock hat ihre grüne 08/15-Studienabbrecher-Biografie in eine faktenferne Erfolgsgeschichte umgeschrieben,[124] hat sie mit Fantasieabschlüssen und Mitgliedschaften erweitert – in dem Wissen, dass innerhalb der Partei und der linken Medienblase ohnehin niemand die Korrektheit ihrer Angaben nachprüfen würde. Und selbst wenn, wäre es egal. Dass ihre Fantasieabschlüsse und erfundenen akademischen Titel von Bloggern und alternativen Medien entdeckt, von einer breiten Öffentlichkeit wahrgenommen und sogar fallweise kritisiert werden, damit haben weder sie noch ihre Parteigenossen gerechnet. Sie fühlten sich in ihrer Abgehobenheit einfach zu sicher. Dass die Fantasiebiografie trotz der gleichgeschalteten Mainstream-Medien einen zumindest kleinen Skandal ausgelöst hat, hat die Grünen tatsächlich überrascht.

Statt sich glaubhaft zu entschuldigen, Konsequenzen zu ziehen und sich aus der Politik zu verabschieden, wie es die Mainstream-Medien von Politikern aus dem bürgerlichen oder rechten Lager in einem solchen Fall wie selbstverständlich eingefordert hätten, kam für sie nicht in Betracht, sie setzte sogar noch einen drauf:

Meinen Lebenslauf habe ich knapp und komprimiert veröffentlicht und dabei unwillentlich einen missverständlichen Eindruck erweckt, den ich nicht erwecken wollte.[125]

Annalena Baerbock, 2021

Diese Behauptung ist so glaubwürdig wie ihr »komprimierter« Lebenslauf. Die ertappte Schwindlerin zeigte weder Reue noch Einsicht, sondern machte weiter wie zuvor. Der »missverständliche Eindruck« ist nicht dadurch entstanden, dass sie ihren Werdegang komprimiert dargestellt hat, sie hat ihn vielmehr aufgeblasen und sogar einen Bachelorabschluss dazuerfunden. Sie und ihr direktes Umfeld wollten vielmehr gezielt einen falschen Eindruck erwecken.

Baerbock ist, das hat sie mit ihrem Lebenslauf bewiesen, eine Blenderin, eine selbst ernannte »Völkerrechtlerin«, und die linke Blase lässt sich von ihresgleichen gerne täuschen. Sie stößt sich nicht daran, dass Baerbock nicht das ist, was sie vorgibt zu sein. Zumal sie eine typische Vertreterin einer neuen Klasse ist, die ihre fehlende Ausbildung, Kompetenz und Qualifikation mit viel Ideologie und Haltung wettmacht. Und das ist in diesen Kreisen allemal wichtiger und angesehener als der Abschluss in einem anspruchsvollen Studienfach oder eine erfolgreiche Unternehmensgründung.

Von einer grünen Spitzenpolitikerin erwartet niemand eine fundierte Ausbildung, berufliche Erfolge oder Fachkompetenz. Grün zu sein reicht völlig aus und ist nach den Maßstäben der Partei und ihrer Fans in den Medien die beste Qualifikation für wirklich jede mit Steuergeldern finanzierte Spitzenposition. Es spielt also keine Rolle, ob sie eine gute Ausbildung hat, sie muss nur die globalistische Agenda erfolgreich abarbeiten. Das weiß auch Frau Baerbock, und sie weiß auch, dass sie sich auf ihre Gesinnungsgenossen in den Mainstream-Medien verlassen kann, dass diese all ihre Skandale ausbügeln, solang sie umsetzt, was von ihr erwartet wird. Auch, dass sie »vergessen« hatte, Sonderzahlungen in Höhe von über 25 000 Euro nicht wie vorgeschrieben dem Bundestag zu melden.[126]

Dabei hatte sie wenige Wochen bevor dieser Skandal durch die *Bild*-Zeitung publik wurde, noch frech von ihrem moralischen Podest in Richtung CDU/CSU getönt:

Generell muss an der Haltung, wie man eigentlich mit Transparenz, wie man eigentlich mit einem Mandat und Nebeneinkünften umgehen muss, dringend, dringend was geändert werden, weil es geht eben nicht nur um das Vertrauen in die Union, sondern auch in den Parlamentarismus, in die Demokratie in Gänze verloren.[127]

Annalena Baerbock, 2021

So hohe moralische Ansprüche hat Baerbock nur bei ihren Mitbewerbern, bei sich und ihren Genossen ist sie deutlich großzügiger. Besonders pikant ist: Ein Teil der Sonderzahlungen, die Weihnachtsgelder und den »Coronabonus« hat sich Baerbock als Co-Parteichefin und

Mitglied des Bundesvorstands der Grünen selbst genehmigt und so ihr ohnehin fettes Einkommen nach dem Motto »Weil ich es mir wert bin« zulasten der Steuerzahler noch einmal aufgestockt.

Wie nach ihrem aufgedeckten Skandal um ihren Lebenslauf spielte Baerbock auch diesmal das Unschuldslamm:

[...] aber ich habe das selber gemeldet und das auch selbst transparent öffentlich gemacht.[128]

Annalena Baerbock, 2021

Was sie dabei vergisst zu erwähnen: Erst als sie unter Druck stand, hat sie ihre Zusatzverdienste »transparent gemacht«. Das hat wenig mit Transparenz und Moral zu tun, sondern erinnert an die klassische Taktik von Kriminellen: Nur zugeben, was ohnehin schon bekannt ist und sich nicht mehr abstreiten lässt. Und selbst das versucht sie noch zu bagatellisieren. Die zu späte Meldung war lediglich:

Ein blödes Versäumnis.[129]

Annalena Baerbock, 2021

Nach diesem Prinzip ist Baerbock auch bei einem weiteren Skandal vorgegangen. Der mit alternativen Fakten aufgemotzte Lebenslauf und die verspätete Meldung ihrer Sonderzahlungen waren kein ein- respektive zweimaliger Ausrutscher, sie haben vielmehr System, sind offenbar Teil ihrer Karriereplanung und ihres Selbstverständnisses. Baerbock hat offenbar ein problematisches Verhältnis zur Wahrheit. Auch ihre Nebenkarriere als Buchautorin ist alles andere als makellos.

Im Juni 2021 hatte Baerbock ihr 240-Seiten-Werk *Jetzt – Wie wir unser Land erneuern* auf der Dachterrasse des Hauses der Kulturen der Welt in Sichtweite des Kanzleramtes präsentiert. Es sollte ein weiterer Schritt dorthin sein. Autorin des Buches ist, so wird es zumindest von Baerbock und dem Ullstein Verlag anfänglich dargestellt, Annalena Baerbock. Dumm nur, dass der renommierte Plagiatsjäger Stefan Weber aus Österreich auch ihr Buch unter die Lupe genommen hat und zu dem Schluss gekommen ist, dass Baerbock große Teile einfach abgeschrieben hat. Copy-and-paste statt eigener Gedanken und Leistung.

Aus meiner Sicht liegen hier klar Urheberrechtsverletzungen vor, die mit Absicht begangen worden sind.[130]

Stefan Weber, Plagiatsexperte, 2021

Baerbock hat im großen Stil Textpassagen übernommen, Teile von anderen Autoren abgeschrieben und diese als ihre eigene geistige und kreative Leistung ausgegeben. Sie hat nicht darauf hingewiesen, von wem »ihre« Ideen in Wahrheit stammen. Es ist das Wesen der Linken, der Kern ihrer Ideologie, von der Leistung anderer zu leben und zu profitieren. Dieses Prinzip hat Baerbock auch als »Autorin« umgesetzt. Deshalb konnten sie und ihre Genossen darin auch keinen Skandal oder gar ein Fehlverhalten erkennen. Die Grünen reagierten deshalb in gewohnter Manier auf die Vorwürfe von Weber und warfen dem Medienwissenschaftler vor, eine »Rufmordkampagne« gegen Baerbock zu betreiben.[131] Die klassische Täter-Opfer-Umkehr. Aber auch andere Plagiatsexperten kamen zu denselben Schlüssen wie Weber. Etwa der ZDF-Rechtsexperte Felix W. Zimmermann:

Die neuen Plagiatsvorwürfe gegen #Baerbock betreffen nicht mehr nur banale Formulierungen und Fakten, sondern tw. auch kreative, originelle und subjektiv-formulierte Textpassagen. Insoweit liegen wohl Urheberrechtsverletzungen vor.[132]

ZDF-Rechtsexperte Felix W. Zimmermann, 2021

Viele solcher schweren Vorwürfe, die sogar strafrechtlich relevant sein könnten, wischten die Partei und Baerbock einfach beiseite:

Weil es auch immer darum geht: Ist das alles richtig, was man aufschreibt ... Dann habe ich, gerade wo es um Faktenbeschreibung ging, sehr deutlich gemacht: Ich übernehme die öffentlichen Quellen, die es entsprechend auch gibt. Aber da es kein Sachbuch oder wissenschaftliche Arbeit gibt, gibt es gar keine Fußnoten in diesem Buch, sondern eine Zusammenstellung aus dem, was alles eingeflossen ist in meinen Jahren in der Politik.[133]

Annalena Baerbock, 2021

Auch in diesem Fall denkt Baerbock nicht daran, reumütig einzugestehen, dass sie die geistige Arbeit, Ideen und Textteile von anderen Autoren einfach übernommen hat, um sich damit aufzuwerten, um etwas vorzutäuschen. Aus diesem Grund trägt dieses Kapitel auch den Titel »Die Hochstaplerin«. *Wikipedia* definiert Hochstapelei so: »Ein Hochstapler ist eine Person, die in der Absicht, sich Vorteile zu verschaffen, vorgibt, besser zu sein, als sie ist.«[134]

Das beschreibt Baerbock sehr gut. Auch nachdem sie innerhalb kurzer Zeit zum dritten Mal hintereinander mit ihren – euphemistisch ausgedrückt – Schummeleien auffliegt, macht sie einfach weiter, ändert ihr problematisches Verhalten nicht. Dafür gibt es aus ihrer Sicht auch keinen Grund. Sie kommt damit durch und ihr politisches, mediales und vermutlich auch persönliches Umfeld unterstützt sie dabei. Im linken Milieu werden solche fragwürdigen Praktiken offensichtlich akzeptiert, andernfalls hätten die Medien und Politkollegen Baerbock dafür kritisieren müssen, was sie nicht getan haben, wie Sie im Kapitel »Die Baerbockmacher« nachlesen können.

Integrität, Wahrhaftigkeit, Rechtschaffenheit etc. sind für sie und ihre Partei je nach Bedarf leere Worthülsen zum Befüllen von Sonntagsreden, oder Kampfbegriffe, um den politischen Gegner an den Pranger stellen zu können, aber keine Maßstäbe, die man an sich selbst anlegt. Baerbock hat sich nicht nur in ihrem Lebenslauf und in ihrem Buch mit Leistungen und Erfolgen anderer geschmückt. Es geht ihr um den Schein, nicht um das Sein. Das bestätigt sich, als Plagiatsjäger Stefan Weber tiefer gräbt:

Baerbocks Copy/Paste-Gedankenklau hat mutmaßlich eine lange Tradition: Plagiate auch in älteren Schriften entdeckt.[135]

Stefan Weber, Plagiatsexperte, 2021

Doch auch das vor Plagiaten strotzende Buch schadet ihrer Karriere nicht. Der Verlag und die Leider-nicht-Autorin ziehen sich aus der Affäre, indem sie den Buchverkauf stoppen. Nur jene Exemplare, die bereits an die Buchläden ausgeliefert worden waren, werden noch verkauft. Der Rest landet im Altpapier. Die links-grüne Blase stören solche Peinlichkeiten und Manipulationen nicht. Die Mainstream-Presse hält ihre Hand weiterhin über die selbst ernannte Völkerrechtlerin und sie bleibt die grüne Kanzlerkandidatin. Als sie nach der

Wahl weder Kanzlerin noch Vizekanzlerin, aber immerhin Außenministerin wird, setzen sich im Auswärtigen Amt solch fragwürdige Vorgänge, die Baerbocks politischen Aufstieg begleitet hatten, fort.

Mitarbeiter des Außenministeriums stehen im Verdacht, Tausenden Migranten trotz gefälschter oder zweifelhafter Papiere die Einreise nach Deutschland ermöglicht zu haben. Sie haben die von Baerbock und der Ampel forcierte Massenzuwanderung mit fragwürdigen beziehungsweise mutmaßlich illegalen Methoden befeuert. Ob aus eigenem Antrieb oder auf Anweisung ihrer Chefin, wird zu klären sein:

Staatsanwaltschaften in Berlin und Cottbus ermitteln gegen Mitarbeiter des Auswärtigen Amtes. Die Beamten des Ministeriums stehen nach Informationen des Nachrichtenmagazins FOCUS im Verdacht, Mitarbeiter in deutschen Botschaften und Konsulaten dienstlich angewiesen zu haben, Antragstellern mit unvollständigen oder offensichtlich gefälschten Papieren die Einreise in die Bundesrepublik zu genehmigen. Auf diesem Weg sollen binnen der vergangenen fünf Jahre mehrere Tausend Personen eingereist sein. Ein Großteil soll dann Asyl beantragt haben. Besitzer der fragwürdigen Papiere sollen in erster Linie Syrer, Afghanen und Türken gewesen sein. Auch Pakistaner und Bürger verschiedener afrikanischer Staaten hatten offenbar manipulierte Einreisegenehmigungen.[136]

focus.de, 2024

Inwieweit Baerbock davon wusste, ob sie diese Vorgehensweise gar initiiert hat oder ob sie darin involviert war, war zu dem Zeitpunkt, als dieses Buch entstand, nicht bekannt. Es ist aber schwer vorstellbar, schreibt das Nachrichtenportal NiUS, dass Annalena Baerbock nichts von den Vorgängen in ihrem Haus gewusst haben soll.[137] Zudem existiert eine schriftliche Weisung des Auswärtigen Amtes, in der es heißt: »Der formelhafte Griff zu den bewährten Instrumenten wie der Urkundenüberprüfung ist nicht durchgehend zweckmäßig und muss durchdacht und ergänzt werden.«[138] Und die Sicherheitsbedenken aus dem Innenministerium, das die »Durchführung zusätzlicher Sicherheitsinterviews« verlangte, kommentierte Baerbock per schriftlicher Notiz so:

Das sollten wir nicht akzeptieren. Hier hart bleiben ggfs. weiter bis zu Ebene Bundesministerin eskalieren.[139]

Annalena Baerbock, 2022

Erst als im März 2023 ein vertrauliches Schreiben aus der deutschen Botschaft in Islamabad bekannt wurde, in dem vor dem systematischen Missbrauch des Baerbock'schen Programmes durch Islamisten gewarnt wurde, soll das Auswärtige Amt diese Praxis eingestellt haben. Der AfD-Abgeordnete Petr Bystron hat Baerbock damit im selben Jahr konfrontiert. Damals behauptete sie:

Wir beteiligen uns an nichts, was nicht legal wäre.[140]

Annalena Baerbock, 2023

Schon damals gab es allerdings Hinweise auf einen systematischen Gesetzesbruch im Auswärtigen Amt: Bystron präsentierte eine Mail aus Baerbocks Referat an die Botschaft in Islamabad, in der diese explizit aufgefordert wird, trotz mutmaßlich gefälschter afghanischer Pässe Visa zu erteilen. »Ist das ihre Politik? Machen sie das absichtlich? Oder machen das Ihre Beamten, ohne dass Sie das wissen? Haben Sie überhaupt keinen Überblick, was in ihrem Haus passiert?«, so Bystron damals.[141] Selbst wenn Baerbock bis dahin nichts gewusst haben sollte – was extrem unwahrscheinlich, aber zumindest denkbar ist –, sie hätte spätestens ab diesem Zeitpunkt reagieren müssen. Das hat sie nie getan. Wie viele Islamisten und Terroristen sind durch diese Praxis unter Baerbocks Verantwortung nach Deutschland gebracht worden? Dutzende, Hunderte oder noch mehr?

Angesichts ihres Sonderstatus, den sie als Grüne in Deutschland auch gegenüber der Justiz genießt, ist die Wahrscheinlichkeit, dass hier eine Mitschuld oder Verantwortlichkeit festgestellt wird, äußerst gering. Jedenfalls liegt die Vorgehensweise der Mitarbeiter von Baerbock, möglichst viele Orientalen und Afrikaner, egal ob diese Verbrecher, Terroristen oder Vergewaltiger sind, nach Deutschland zu schleusen, ganz im Sinne Baerbocks.

Die Heuchlerin: Doppelmoral und Luxusleben

Menschen wie Baerbock tragen ihre linke Moral wie eine Monstranz vor sich her. Sie ist ihr Statussymbol, so wie für andere ein Ferrari, eine Rolex oder die Villa an der Riviera. Deshalb findet unter Linken und insbesondere den Grünen ein ständiger Wettbewerb statt, wer moralischer, toleranter, veganer, aufgeschlossener, willkommensfreundlicher, kurz noch päpstlicher als der Papst ist. Man nennt das »Virtue signalling«. Der Begriff, den man mit »Tugendprahlerei« übersetzen kann, beschreibt die im woken Milieu verbreitete Zurschaustellung linker Moral. Jeder Promi, egal ob aus Politik, Kultur, Wissenschaft etc. muss seine gute, sprich linke Gesinnung regelmäßig öffentlich unter Beweis stellen. Nicht durch Taten, nicht durch Verzicht, Mut oder echtes Engagement, das wäre zu anstrengend und gefährlich, sondern durch Haltung, also durch Statements, Gesten, Zeichen, Solidaritätsbekundungen etc. Die Psychologin Esther Bockwyt schreibt: »Die eigene Grandiosität, also der Narzissmus wird zum allein gültigen Maßstab für das persönliche Handeln.«[142]

Annalena Baerbock ist eine Weltmeisterin im »Virtue signalling«, sozusagen eine Leitfigur in Sachen linker Moral. Diese darf aber nicht mit Moral im eigentlichen Sinne verwechselt werden. Die Moral, die Baerbock und Co. vor sich hertragen, nennt man Hypermoral, ein Begriff, den der konservative Philosoph Arnold Gehlen geprägt hat. Hypermoral ist eine übersteigerte, eine pervertierte Form der Moral, die ihre politischen Ziele, wie die Zerstörung von Familie, Nation, Ehe,

Religion etc. hinter einem undifferenzierten, wie es Gehlen ausdrückt, »Humanitarismus«,[143] einer »unterschiedslosen Menschenliebe«, die nichts mit Liebe zu tun hat, verbirgt. Hypermoral nutzt die Moral als Waffe und Machtinstrument. »Um den Anschein zu erwecken«, schreibt Alexander Grau in seinem Buch *Hypermoral*, »unideologisch zu sein, muss Moral selbst zur Ideologie werden. So wird aus Moral, Moralismus«.[144] Das ist die Disziplin, die Baerbock nach dem Trampolinspringen am besten beherrscht. Sie ist eine besonders eifrige Moralistin, »Weltretterin« und »Menschenfreundin«, die rund um den Globus jettet, um ihren Mitmenschen ihre pervertierte Moral zu verkünden.

Grüne sind keine moralischen Menschen, so wie Gutmenschen keine guten Menschen sind. Sie fordern das Gutsein, die gute und selbstlose Tat, sprich echtes Engagement, Mut und realen Verzicht immer nur von anderen ein. So ist der einzige Beitrag der sogenannten Klimakleber zur »Rettung« des Klimas, sie von anderen lautstark einzufordern. Man setzt Zeichen – Kunstwerke zerstören, Flugverkehr behindern, Straßen blockieren –, aber keine konkreten Taten, die das Klima in irgendeiner Weise beeinflussen würden.

Linke Moral ist in Kombination mit Schuld ein wirkungsvolles Macht- und Unterdrückungsinstrument. Das politische Geschäftsmodell der Grünen ist die moralische Erpressung, die mit Angst (Klimaapokalypse, Putin, Viren, Radioaktivität, Gefahr von rechts etc.) und Schuld (Nationalsozialismus, Kolonialismus, struktureller Rassismus, toxische Männlichkeit etc.) arbeitet. Grüne Moral ist nur ein Mantel, der die politischen Ziele der Globalisten verhüllt, die stets gegen die Interessen der Mitbürger und die demokratische Verfasstheit unserer Gesellschaft gerichtet sind und auf Kontrolle, Überwachung, Unterdrückung und Unfreiheit hinauslaufen. Mit ihrer pervertierten Moral, ihrem Moralismus lassen sich die zentralen Projekte grüner Politik wie Massenzuwanderung, Energiewende, Gesundheitsdiktatur, Umverteilung bis hin zur Enteignung, Genderismus etc. rechtfertigen. Rationale, vernünftige Argumente für die massenhafte

Zuwanderung kulturfremder, leistungsferner Menschen, die das Land systematisch zerstören, gibt es schließlich nicht, sie lässt sich nur mit irrationalen Argumenten wie einer nicht näher definierten kulturellen Bereicherung, der Anbetung von »Vielfalt«, einer immerwährenden historischen Schuld der Europäer etc. begründen.

Eben weil die Moral nur vorgeschoben und aufgesetzt ist, kümmern sich Baerbock und die Grünen vor allem um die großen, weit entfernten, nicht greif- und messbaren Probleme wie die nahende Klimaapokalypse, die laut Prophezeiungen der Grünen eintreten wird, wenn das aktuelle politische Personal längst abgetreten ist und nicht mehr für ihre Fake-Prognosen und ihre verheerende Politik verantwortlich gemacht werden kann. Der Autor und Journalist Alexander Wendt hat in einem Interview darüber gesprochen, wie die grüne Moralelite sich und die anderen definiert:

Wir – und zwar exklusiv wir – kritisieren das Böse in der Welt. Folglich ist alles, was wir angreifen, auch tatsächlich bösartig, folglich sind wir die Vertreter des Guten. Woraus wiederum folgt, dass jeder, der uns und unsere Methoden in Frage stellt, zur Seite des Bösen gehört, und deshalb gar nicht das Recht besitzen sollte, an der öffentlichen Debatte teilzunehmen. Der Vorwurf an alle Kritiker lautet deshalb nicht, faktisch unrecht zu haben, sondern über keine moralische Legitimation zu verfügen. Dieses Denkmuster läuft auf eine andere, nämlich dieser Selbsterhöhungspirouette angemessene Wortbedeutung hinaus: Wir sind die Erwachten, diejenigen also, die bessere, tiefere und vor allem moralischere Einsichten haben als der Rest der Gesellschaft. Uns steht deshalb das undiskutable Recht zu, diese Gesellschaft auf den richtigen Pfad zu führen.[145]

Alexander Wendt, Journalist und Autor, 2024

Eben weil die grüne Moral nur vorgeschoben, nur ein Macht- und Herrschaftsinstrument ist, denken Grüne wie Annalena Baerbock auch nicht daran, sich jenen Werten, Vorschriften und Verboten, die sie ihren Mitbürgern oder besser Untertanen auferlegen, selbst zu unterwerfen. Sie stehen über den Bürgern und den Gesetzen.

Auf Wohlstand und Komfort soll nur der gemeine Bürger verzichten, um das Weltklima, Afrika oder was gerade sonst auf der globalistischen Agenda steht, zu retten. Die selbst ernannte Moralelite und deren Akteure wie Annalena Baerbock denken nicht daran, sich einzuschränken, ihren »CO_2-Fußabdruck« klein zu halten oder sich selbst oder ihre Kinder mit den Folgen der Massenzuwanderung zu konfrontieren. Baerbock steht über den Geboten und Verboten, die sie predigt; ihr Engagement für das Weltklima, die Dritte Welt, für Minderheiten und soziale Gerechtigkeit dient lediglich als Einkommensquelle und als Turbo für ihre politische Karriere.

Generell muss an der Haltung, wie man eigentlich mit Transparenz, wie man eigentlich mit einem Mandat und Nebeneinkünften umgehen muss, dringend, dringend was geändert werden [...].[146]

Annalena Baerbock, 2021

Im März 2021, während der Coronapandemie, kritisierte Baerbock im Zusammenhang mit der Maskenaffäre die Union scharf, warf ihr mangelnde Transparenz beim Umgang mit Nebeneinkünften vor. Was für eine Heuchelei. Im selben Monat, wo sie mit dem Finger auf die Union zeigt, muss sie also, wie bereits erwähnt, die von ihr verschwiegenen Nebeneinkünfte von über 25 000 Euro beim Bundestag nachmelden. Das habe sie »vergessen«, so Baerbock lapidar. Zudem wird bekannt, dass sie sich diese üppigen Sonderzahlungen auf Kosten der

Steuerzahler als Mitglied des grünen Bundesparteivorstandes selbst genehmigt hatte.[147]

Das ist die »Moral« der Grünen, das sind die doppelten Standards, die Baerbock an sich und ihre politischen Mitbewerber anlegt. Auch für die Rettung des Klimas ist nicht sie persönlich, sondern der einfache Bürger zuständig, der auf Flugreisen, Fleischkonsum und das eigene Auto verzichten soll und dem aufgrund der inflations- und steuertreibenden Energiewende immer weniger Geld in seinem Portemonnaie übrigbleibt. Baerbock selbst verdient laut Berechnungen des *Focus* als Außenministerin mit allen Zuschlägen und Vergütungen rund 25 000 Euro im Monat.[148] Ihre Weltreisen und horrenden Kosten für Schminke, Styling, Fotografen und Visagisten kommen noch obendrauf. Und Baerbocks CO_2-Fußabdruck ist so groß wie der einer Elefantenherde. Sie bläst bei ihren vielen Sinnlosreisen hemmungslos CO_2 in die Atmosphäre, vermutlich mehr als die Einwohner einer deutschen Kleinstadt. Denn Baerbock fliegt nicht nur viel, sondern am liebsten in den Flugzeugen der Bundesregierung. Linienflüge, bei denen sie auf das gemeine Volk treffen könnte, meidet sie wie der Teufel das Weihwasser.

Seit Amtsantritt von Außenministerin Baerbock werden vor jeder Nutzung der Flugbereitschaft zunächst emissionsärmere Reisemöglichkeiten wie die Nutzung von Zugverbindungen oder Linienflügen geprüft.[149]

Auswärtiges Amt, 2022

Das ließ Baerbock über das Auswärtige Amt verlauten. An diese Ankündigung, sie wolle den CO_2-Ausstoß entsprechend ihrer grünen Gesinnung möglichst niedrig halten und auf ihren Reisen vor allem Linienflugzeuge und die Eisenbahn benutzen, hat sie sich nie gehalten.

Baerbock nutzt ordinäre Linienflieger nur in seltenen Ausnahmefällen und fliegt am liebsten mit »ihren« eigenen Flugzeugen, also mit den Maschinen der Bundeswehr-Flugbereitschaft. Im Jahr 2022 hat Baerbock bei 69 Flügen nur zweimal ein Linienflugzeug genutzt, 67-mal ist sie ohne lästige Passagiere mit den teuren Staatsfliegern unterwegs gewesen.

Mit 67 Flügen wurden 5000 Tonnen CO_2 und Kosten von rund 7,6 Millionen Euro verursacht.[150]

Focus Online, 2023

Bei ihrer Mission rund um den Globus ist es ihr wichtig, dass sie nicht wie ein gewöhnlicher Mensch in ein Linienflugzeug steigt, denn jede Minute zählt im Kampf gegen die selbst erfundene Klimaapokalypse. Wer, wenn nicht Baerbock, kann unseren Planeten retten? Für die Senkung der CO_2-Emissionen ist hingegen der gemeine Bürger zuständig, dem will die Jetset-Ministerin das Fliegen am liebsten ganz verbieten:

Und ja, Kurzstreckenflüge sollte es perspektivisch nicht mehr geben.[151]

Annalena Baerbock, 2021

Sie will den Bürgern die Kurzstreckenflüge untersagen und ist selbst fast ausschließlich – auch auf kürzesten Strecken – mit Staatsfliegern unterwegs. Urlaubsreisen mit dem Flugzeug will sie für den hart arbeitenden Durchschnittsbürger unerschwinglich machen:

**Jeder kann Urlaub machen, wo er will.
Aber eine klimagerechte Besteuerung von Flügen
würde solche Dumpingpreise stoppen.**[152]

Annalena Baerbock, 2021

Jeder kann Urlaub machen, wo er will – wenn er es sich noch leisten kann, so der zynische, nicht ausgesprochene Zusatz. Während also der Durchschnittsbürger seine Reisen per chronisch verspäteter Bahn oder mit dem Lastenfahrrad antreten soll, jettet Baerbock mit ihren vom Steuerzahler finanzierten Staatsfliegern rund um den Globus:

**Jeder dieser Gegenstände birgt unzählige
Geschichten. Geschichten darüber, wie das Volk der
Kaurna vor über 150 Jahren lebte.**[153]

Annalena Baerbock, 2024

Gründe für ihre Reisen, selbst an die exotischsten Orte unseres Planeten, findet sie immer. So hat sie etwa den Kaurna, einem Stamm australischer Ureinwohner, einen Speer und ein Fischernetz vorbeigebracht. Dafür sind die rund 40 Tonnen CO_2, die laut dem Emissionsrechner austria.myclimate.org pro Person für den Flug Deutschland-Australien und wieder zurück anfallen (in einem Linienflieger und nicht einem Staatsflieger wohlgemerkt) gut investiert. Eigentlich waren es deutlich mehr Tonnen CO_2, denn ihr Sonnentrip in die Südsee (Australien, Neuseeland und Fidschi) strandete beim ersten Anlauf aufgrund eines technischen Defektes in Abu Dhabi, was Baerbock so kommentierte:

Manchmal ist es wirklich verflixt.[154]

Annalena Baerbock, 2023

Baerbock, die gute Klima-Fee, nutzt Verkehrsflugzeuge wie andere Leute das Taxi. Anruf genügt, etwa aus Kopenhagen:

Für einen drei Stunden früheren Heimflug nach Berlin ließ Außenministerin Baerbock Luftwaffen-Piloten mit einem extra Regierungsflugzeug einfliegen. Die Strecke betrug 356 Kilometer.[155]

Focus online, 2024

Nach dem EM-Fußballspiel Deutschland gegen die Schweiz in Frankfurt setzte sich Baerbock nächtens in einen Regierungsflieger und ließ sich ins 180 Kilometer entfernte Luxemburg fliegen. Dafür brauchte sie rund eine halbe Stunde, die wesentlich klimafreundlichere und für die schlafenden Frankfurter angenehmere Autofahrt hätte gerade einmal 2 Stunden gedauert.[156] Das wollte sich Baerbock aber nicht zumuten. Für ihren Luxusflug ließ sie sogar das strenge Nachtflugverbot über Frankfurt aufheben. Ein Verbot, das die Grünen durchgesetzt hatten. Über Deutschlands größtem Flughafen herrscht ab 23:00 Uhr Start- und Landeverbot. Außer für Baerbock. Um 23:54 Uhr, also knapp eine Stunde nach Beginn des Verbots, hob das Regierungsflugzeug mit Baerbock an Bord Richtung Luxemburg ab und riss viele Frankfurter aus ihrem Schlaf. Besonders dreist ist: Noch bis kurz vor Beginn der EM hatten ausgerechnet die Frankfurter Grünen jeden Versuch abgeblockt, das Nachtflugverbot während des EM-Turniers zu lockern, damit die Mannschaften umgehend nach ihren Spielen zum nächsten Austragungsort fliegen können. »Das öffentliche Interesse kann nicht als Argument für die Aussetzung des Nachtflugverbots herangezogen werden«,[157] zudem seien, so die Grünen, »alle Spielorte perfekt an das Bahnnetz angeschlossen«. Das hat sich jedoch nicht bis ins Auswärtige Amt herumgesprochen. Dass Baerbock im Stadion mit ihren Regierungsfreunden vom Logenplatz aus Fußball guckt und danach möglichst bequem und schnell nach Luxemburg geflogen wird, war hingegen im öffentlichen Interesse. Für Baerbock, der obersten Hüterin des Klimas, der Moral und des Weltfriedens, gelten andere beziehungsweise keine Gesetze. Sie steht als grüne Oberpriesterin über den von ihr und ihrer Klasse erlassenen Verboten.

Ist die Strecke selbst für die grüne Jetset-Lady zu kurz, um sie mit einem Flugzeug zurückzulegen – die Grenze liegt offenbar bei 100–150 Kilometern –, lässt sie sich in einer vollelektrischen Luxuslimousine, einem Mercedes EQS – Listenpreis ab 110 000 Euro –, der mit CO_2-intensivem deutschem Braunkohlestrom aufgeladen wird, herumkutschieren.[158] So sieht das Leben einer um das Klima Besorgten aus. Während Baerbock ein CO_2-intensives Luxusleben mit Flugtaxis, Fernreisen, Sonderzahlungen, Promi-Visagisten, Limousinen etc. führt, soll der arbeitende Bürger auf seinen Wohlstand verzichten und ein bescheidenes, klimagefälliges Dasein fristen.

[...] ist unser Vorschlag, bis 2030 aus der Kohle ausgestiegen zu sein. Dann haben wir den großen Bereich Verkehr. Auch hier brauchen wir klare Ziele und Vorgaben. Auch dort sagen wir, ab 2030 dürfen nur noch emissionsfreie Autos zugelassen werden. Der dritte Bereich ist der Umbau der Industrie [...].[159]

Annalena Baerbock, 2021

Das bedeutet in der Praxis: hohe Energiepreise, Inflation, Deindustrialisierung, Massenarbeitslosigkeit und systematische Vernichtung unseres Wohlstandes. Die Energiewende ist vonseiten der Grünen der »Große Sprung nach vorne«. Das alles mutet sie den Bürgern zu, doch für sie, als führendes Mitglied des grünen Politadels, ist das Beste gerade gut genug. So muss der Steuerzahler pro Jahr knapp 140 000 Euro für Baerbocks Schönheit zahlen. So viel kassierten ihre Visagisten allein im Jahr 2022.[160] Für sein Geld bekommt der Bürger aber etwas geboten, nämlich eine strahlende Außenministerin, die ihre Beautyausgaben so rechtfertigt:

Ansonsten sieht man aus wie ein Totengräber, weil man total grau ist.[161]

Annalena Baerbock, 2024

Die Ideologin: Grüner Lack und Globalismus

Als die Grünen Annalena Baerbock 2021 zu ihrer Kanzlerkandidatin kürten, waren sich die Mainstream-Medien und die einschlägigen Experten einig: Die Grünen haben sich mit ihrer Entscheidung für Baerbock endgültig zu einer Partei der Mitte, zu einer bürgerlichen Kraft weiter- und in die Breite entwickelt.

Grüne Kanzlerkandidatin Baerbock: Partei der neuen Mitte[162]

taz, 2021

Was der Medienmainstream verbreitete, war pure Propaganda, er wollte mit gezielter Desinformation den Grünen zu möglichst viel Akzeptanz in der Bevölkerung und Stimmen bei der anstehenden Wahl verhelfen. Die Grünen waren, sind und werden nie eine Partei der Mitte sein. Sie sind aus den linken 68ern und aus den sogenannten neuen sozialen Bewegungen, die zum Teil von den kommunistischen Regimes Osteuropas finanziert und gesteuert wurden und die sich vordergründig für Umweltschutz, Abrüstung und Frauenrechte engagierten, entstanden. Vor allem kommunistische Gruppierungen im studentischen Milieu erkannten schnell das Potenzial dieser Bewegungen und Initiativen. Sie sahen die Chance, mit diesem Vehikel ihren radikalen politischen Kampf von den Universitäten und der Straße in die Volksvertretungen zu tragen. Jene Grünen, denen es tatsächlich um Umweltschutz ging, wurden schnell von Linksextremisten verdrängt und die Bewegung wurde systematisch von Kommunisten unterwandert. Der Chefredakteur der *Zeit*, Giovanni di Lorenzo meinte: »Es ist vermutlich kein Zufall, dass sich unter ihnen [den Grünen, Anm. d. Autors] ehemalige oder gescheiterte Linksextremisten wiederfanden, von Rudi Dutschke über Antje Vollmer und Jürgen Trittin bis zum heutigen Ministerpräsidenten Baden-Württembergs, Winfried Kretschmann. Wie dieser waren einige vorher in K-Gruppen aktiv und hatten sich damit abgefunden, dass die Übernahme der Macht zum Beispiel über den Kommunistischen Bund Westdeutschlands oder die Kommunistische Partei Deutschlands/Marxisten-Leninisten eher unwahrscheinlich war, jedenfalls zu ihren Lebzeiten.«[163]

Umweltschutz war für diese Linksextremisten nie mehr als ein Hebel, um ihre kommunistischen Ideen umsetzen zu können. In diesem Milieu ist Annalena Baerbock also groß geworden. Anfang der 1980er-Jahre, als aus den linken Bewegungen und Initiativen die Partei Die Grünen entstand, wuchs Baerbock in einem linken Elternhaus, in einem »Hippie-Haushalt«, wie sie in früheren Interviews betont, auf:[164]

Also, irgendwie in der Grundschule habe ich thematisiert, dass wir keinen Fasching feiern durften, wegen dem ersten Irakkrieg. Das kommt ja nicht bei so einem Kind alleine in den Kopf. Meine Eltern haben mich auch zu mehreren Demos mitgenommen.[165]

Annalena Baerbock, 2018

Auf Nachfrage der Interviewerin ergänzt sie:

Ja, schon als ich zwei war. Abrüstungsdemos also.[166]

Annalena Baerbock, 2018

Bei einem Kind aus einem solchen Elternhaus ist es wohl kein Zufall, dass die Initialen Baerbocks deckungsgleich mit einer Parole gewaltbereiter Linksextremisten ist: Annalena Charlotte Alma Baerbock, kurz ACAB. Und das bedeutet, wie jeder Linksextremist weiß: »All Cops Are Bastards« (dt.: »Alle Polizisten sind Schweine«).

Annalena Charlotte Alma Baerbock = ACAB = All Cops Are Bastards. Zufall oder Chiffre?[167]

Hans-Georg Maaßen, ehemaliger Präsident des Bundesamtes für Verfassungsschutz, 2021

Diesen naheliegenden Gedanken postete der ehemalige Verfassungsschutzchef Hans-Georg Maaßen und erntete dafür einen massenmedialen Shitstorm, weil er es gewagt hatte, auf etwas Offensichtliches hinzuweisen. Absicht oder nicht, jedenfalls wurde Baerbock von Kindesbeinen an mit linker Ideologie indoktriniert.

Ich war immer schon grünenaffin, habe mir zum Geburtstag ein Greenpeace-Buch gewünscht.[168]

Annalena Baerbock, 2018

Baerbock wird in der links-grünen bis linksextremen Blase sozialisiert. Die Außenwelt hat sie ihr Leben lang nur durch linke Filter wahrgenommen, zumal sie nie den Versuch unternommen hat, in der realen Welt, außerhalb geschützter und staatlich finanzierter Strukturen Fuß zu fassen. Das reale Berufsleben und den freien (Arbeits-) Markt kennt sie nur vom Hörensagen, von linken Lagerfeuergesprächen und Hörsälen: Schule, etwas Universität, Partei, Bundestag, Regierung – das ist ihr Werdegang. Sie bewegt sich seit jeher in einem Biotop, wo Haltung, Moral (selbstredend linke) und Quote mehr Einfluss auf die Karriere und den gesellschaftlichen Status haben als Leistung, Fleiß und Wissen.

Annalena Baerbock: Die kluge Pragmatikerin[169]

Stern, 2021

Baerbock gilt innerhalb ihrer Partei, aber auch bei den sie hofierenden Mainstream-Medien als Pragmatikerin, gar als »kluge Pragmatikerin«, und versierte Fachpolitikerin, die sich in Sachen Klimaschutz einen Namen gemacht hat. Dass mag aus der grünen Froschperspektive sogar stimmen, denn unter den Blinden ist der Einäugige bekanntlich König und in Baerbocks Umfeld sind Pragmatiker und Politiker mit beruflicher Praxis oder einem Abschluss in einem naturwissenschaftlichen oder einem anderen anspruchsvollen Studium so häufig wie weiße Elefanten. Legt man hingegen normale Maßstäbe an, ist die mediale Darstellung von Baerbock als unideologische, bürgernahe und hemdsärmelige Pragmatikerin geradezu absurd.

Warum Baerbock im Gegensatz zu Robert Habeck, ihrem Partner an der Parteispitze, weniger als Ideologin und linke Hardlinerin wahrgenommen wird, liegt vermutlich daran, dass sie nicht nur keine berufliche Ausbildung abgeschlossen hat, sondern auch ideologisch unbedarft ist. Anders als links-grüne Fundis wie Joschka Fischer, Jürgen Trittin oder Daniel Cohn-Bendit hat Baerbock sich wohl nie in die Theorien und Grundlagen des Marxismus vertieft, hat keinen Marx, Engels, Adorno, Gramsci, Deleuze, Foucault oder Piketty gelesen beziehungsweise – soweit das bei deren redundantem linksintellektuellem Geschwurbel überhaupt möglich ist – begriffen.

Baerbock ist in diesem Sinne keine Ideologin, da sie sich nicht mit linker Ideologie, mit den Grundlagen, Theorien und Konzepten des Marxismus und seiner modernen Derivate auseinandergesetzt hat. Sie ist eine »Gefühlskommunistin«, die die Ideologie mit der Muttermilch aufgesogen hat, die immer schon links war, für die Linkssein vor allem ein Gefühl, eine Lebenseinstellung beziehungsweise ein Lifestyle und weniger ein theoretisches Konstrukt sowie ein Instrument ist, um die Welt zu begreifen und zu verändern. Baerbock hat die Grammatik des Marxismus so wenig wie die der deutschen Sprache auf intellektueller Ebene verstanden beziehungsweise internalisiert. Deshalb verspricht sie sich so oft, deshalb wirkt sie – im Gegensatz zu Habeck – nicht wie eine linke Fundamentalistin, weil ihr dieses Fundament fehlt.

Das ändert aber nichts daran, dass sie ihre linken bis linksextremen Positionen knallhart durchzusetzen versucht, wenn auch, und das macht sie in den Augen des Mainstreams wohl zur Pragmatikerin, mit netten Worten, einem Lächeln und der ihr eigenen tapsigen Art. Sie ist sozusagen das menschliche Gesicht des Marxismus.

Ich bin überzeugt, wir müssen radikal in der Sache sein [...].[170]

Annalena Baerbock, 2018

Wo sie politisch steht, sagt sie mehr oder weniger offen: am äußersten linken Rand.

Für mich ist die Antifa nicht per se eine linksextremistische Organisation.[171]

Annalena Baerbock, 2019

Das sieht selbst der Verfassungsschutz, der auf dem linken Auge beinahe blind ist, nicht so entspannt wie die grüne Außenministerin:

Aufgrund seiner auch demokratischen Ausprägung ist der Begriff des »Antifaschismus« nicht ausschließlich linksextremistisch besetzt. Seit seiner Einführung wird er allerdings mehrheitlich von Linksextremisten vereinnahmt, die im Namen des »antifaschistischen Kampfes« zu Straf- und Gewalttaten gegen aus ihrer ideologischen Definition nach »faschistischen« Personen oder Institutionen aufrufen. Den gesellschaftlichen Konsens gegen den Rechtsextremismus versuchen Linksextremisten dabei gezielt auszunutzen, um von Demokraten als Partner akzeptiert zu werden und ihren gewalttätigen Angriffen auf Menschen eine scheinbare Legitimität zu verleihen. Durch die hierdurch geschaffene Anschlussfähigkeit eröffnet sich Linksextremisten die Möglichkeit, ihre ideologischen Positionen in die Gesellschaft einfließen zu lassen.[172]

Bundesamt für Verfassungsschutz

Dass Baerbock trotz solcher Ansichten von ihrer Partei und den großen Medien als gemäßigt sowie als Pragmatikerin dargestellt wird, ist reine Strategie, um solche radikalen Positionen in der gesellschaftlichen Mitte zu etablieren. 2018 sagte Baerbock in Bezug auf die grüne Asyl- und Zuwanderungspolitik:

Wir müssen jetzt alles dafür tun, dieses Ziel zu erreichen.[173]

Annalena Baerbock, 2019

Man müsse »alles« tun! Das schließt eventuell auch illegale Methoden mit ein – man denke an die Visa-Affäre im Auswärtigen Amt –,[174] in jedem Fall aber, wie wir aus den Zeiten der Coronapandemie wissen, massive Einschränkungen der Bürger- und Grundrechte, Überwachung und Verbote:

Der Vorwurf der Verbotspartei hat mich nie getroffen. [...] Und Verbote können sehr positive Folgen haben: [...][175]

Annalena Baerbock, 2020

Baerbock unterscheidet sich nicht von den grünen Hardlinern, den linken Extremisten, die in den 1970er- und 1980er-Jahren die Grünen unterwandert und den Umweltschutz immer nur als Vorwand gesehen haben, um ihre kommunistischen Ideen umzusetzen. Bei Baerbock ist es nicht mehr die Umwelt an sich, sondern das Klima oder besser die Verhinderung der selbst herbeifantasierten Klimaapokalypse:

Die Klimapolitik der Grünen ist stark ideologiegeprägt, da sie den Klimaschutz in der gesellschaftlichen Diskussion heutzutage zur alles entscheidenden Überlebensfrage der Menschheit erheben und als das höchste, wichtigste und dringlichste gesellschaftliche Ziel gleichsam verabsolutieren, dem sich alle anderen Ziele – wenn sie denn in diesem Zusammenhang überhaupt noch der Erwähnung für würdig befunden werden – weit unterzuordnen haben.[176]

Dr. Rupert Pritzl, Regierungsdirektor, und Prof. Dr. Fritz Söllner, Finanzwissenschaftler, 2021

Das schreiben die beiden renommierten Wissenschaftler Pritzl und Söllner. Baerbock würde das nicht einmal abstreiten. Die Klimapolitik ist zum Universalwerkzeug für den Umbau der Gesellschaft geworden. Wer den Staat, die Gesellschaft, ja, die Weltordnung transformieren will, der »rettet« vordergründig das Klima. Aus Baerbocks Mund klingt das so:

Die gesamte Politik der nächsten Bundesregierung muss sich auf Klimaneutralität ausrichten, in allen Ressorts, zentral von der nächsten Kanzlerin oder dem nächsten Kanzler gesteuert.[177]

Annalena Baerbock, 2020

Das Klima steht über allem, auch über Demokratie, Rechtsstaat und den Bürgerrechten. Jede politische Entscheidung wird dem sogenannten Klimaschutz untergeordnet. Um die fiktive Klimaapokalypse abzuwenden, ist alles erlaubt, man darf, ja muss den Bürgern alles zumuten. Es geht schließlich um das Überleben der Menschheit (ähnlich wie bei Corona und künftigen P(l)andemien), deshalb darf die linke und alternativlose Klimapolitik nicht hinterfragt werden. Wer es dennoch tut, ist ein Klimaleugner, einer, der die Zukunft der Menschheit gefährdet. Für Klimafanatiker wie Baerbock ist die Welt schwarz und weiß, sie kennen nur gute und böse, folgsame und gefährliche Menschen, also Freund und Feind.

Das Leben aller Bürger hat sich an den Zielen des Klimaschutzes auszurichten. Das bedeutet in erster Linie Verzicht: Verzicht auf Wohlstand, Luxus, Fleisch, Flugreisen, Eigenheime, Autos etc. Dass dieses von oben diktierte, kärgliche und unfreie Leben der Normalsterblichen jenem gleicht, wie es die Menschen in kommunistischen Systemen immer führen müssen, ist selbstredend kein Zufall. Denn die Linke hat aus dem Scheitern des real existierenden Sozialismus gelernt. Man versucht den Bürgern nicht mehr ein besseres Leben und eine bessere Zukunft zu versprechen, weil man weiß, dass sozialistische Systeme das nicht leisten können, man verspricht ihnen deshalb nur noch das nackte Überleben auf niedrigem Niveau: Kein Auto, kein Fleisch, kein Eigentum, keine Meinungsfreiheit, keine Individualität etc. mehr, damit die globale Durchschnittstemperatur in 20 oder 30 Jahren um ein paar Zehntel Grad weniger steigt. In der Studie »A Societal Transformation Scenario for Staying Below 1.5 °C«[178], die die grüne Heinrich-Böll-Stiftung in Auftrag gegeben hat, wird beschrieben, wie sich die Grünen das künftige Leben der Deutschen vorstellen: Der Autoverkehr in den Städten müsse um 80 Prozent reduziert, der Wohnraum der Bürger um 25 Prozent, die Zahl der Elektrogeräte halbiert und der Fleischkonsum um 60 Prozent reduziert werden, in den Urlaub dürfen die Bürger nur noch alle 3 Jahre fliegen etc. Ob diese Maßnahmen tatsächlich Einfluss auf das Klima haben oder nicht, ist für die Grünen und die Studienautoren zweitrangig. In der Studie heißt es:

Auch wenn diese Veränderungen möglicherweise keine direkten Auswirkungen auf die Treibhausgasemissionen haben, sind sie doch eine Voraussetzung für die Steigerung des menschlichen Wohlbefindens bei gleichzeitiger Reduzierung des Materialverbrauchs.[179]

»A Societal Transformation Scenario for Staying Below 1.5 °C«, Studie im Auftrag der Heinrich Böll Stiftung, 2020

Wie nett! Baerbock und Co. wollen also »unser Wohlbefinden« durch das drastische Absenken unseres Lebensstandards steigern. Die Drohkulisse einer Klimaapokalypse hat sich als ideales politisches Druckmittel erwiesen, deutlich effektiver als die bisherigen Schreckensszenarien, mit denen die Grünen davor operiert haben, wie Erschöpfung der Rohstoffe, der atomare Super-GAU, das Waldsterben, das Ozonloch etc. Wirklich jede Einschränkung unserer Freiheiten, jede neue staatliche Übergriffigkeit kann mit dem Schutz des Klimas argumentiert und gerechtfertigt werden.

Mit dem Narrativ einer hehren Klimapolitik werden – von der großen Öffentlichkeit weitgehend unbemerkt – freiheitliche und marktwirtschaftliche Prinzipien außer Kraft gesetzt und Umverteilungsideologien propagiert, die zu einer Renaissance staatsdirigistischer Ideen (als sogenannte Öko-Diktatur getarnt) und einer moralisch begründeten Bevormundungsgesellschaft führen werden. Wir erleben ein Wiedererstarken sozialistischer Umverteilungsbestrebungen, die von einer moralistischen Gesinnungsethik getrieben sind und keinerlei Kritik oder abweichende Meinung

oder gesellschaftliche Diskussion von Alternativen zulassen.[180]

Dr. Rupert Pritzl, Regierungsdirektor, und Prof. Dr. Fritz Söllner, Finanzwissenschaftler, 2021

Ob Annalena Baerbock tatsächlich an den nahen Weltuntergang glaubt, den man mit Klima-Voodoo, wie dem massenhaften Errichten von Windrädern – auch als »grüne Kirchtürme« bezeichnet – und dem Bau von Radwegen, wird verhindern können, ist schwer zu beurteilen. Es deutet aber vieles darauf hin, dass selbst eine ideologische Flachwurzlerin wie Baerbock in der Klimapolitik ebenfalls nur ein Instrument zur Transformation der bürgerlichen Gesellschaft sieht.

Zugleich ist die Klimaneutralität die Chance für eine gerechtere Gesellschaft.[181]

Annalena Baerbock, 2021

Klimapolitik dient also auch – oder vor allem – einer »gerechteren« Gesellschaft, sprich Klimapolitik ist nur der Hebel dafür, ein demokratisches in ein sozialistisches, in ein »gerechtes« System zu transformieren.

Es wäre ein Irrtum zu glauben, dass auf Klimagipfeln ausschließlich Treibhausgasreduktionen verhandelt werden. Es geht ebenso um Entwicklungsfragen und Wohlstandsversprechen, um Wirtschaftskraft, historische Schuld, technologische Innovation und natürlich um Geld.[182]

Annalena Baerbock, 2021

Schreibt Baerbock in ihrem Buch *Jetzt – Wie wir unser Land erneuern.* Man muss nur genau hinhören und sich die Zeit nehmen, solche Texte genau zu lesen, denn Ideologen und selbst ernannte Weltverbesserer halten mit ihren wahren Zielen in der Regel nicht hinter dem Berg. Es geht, wenn sich Baerbock mit Ihresgleichen auf einer sogenannten Klimakonferenz trifft, also um Geld oder um historische Schuld (Postkolonialismus, Nationalsozialismus etc.), also weniger um das Klima, sondern vor allem um den Great Reset, die Umsetzung der globalistischen Agenda. Baerbock sagt das offen, wenn sie in ihrem Buch schreibt:

Die Klimakrise ist zu einer Systemfrage geworden.[183]

Annalena Baerbock, 2021

Andersrum wird ein Schuh daraus: Wir ändern das System unter dem Vorwand der Klimarettung. Es geht also um einen Systemwechsel, um den »großen Umbau«, den auch der Chef des Weltwirtschaftsforums (WEF), Klaus Schwab, in seinem Buch *COVID-19 – The Great Reset* propagiert. Schwab schreibt in dem Buch, das bereits 4 Monate nach dem ersten Lockdown erschienen ist:

Auf diese Weise wird eine »neue Normalität« entstehen, die sich radikal von jener unterscheidet, die wir nach und nach hinter uns lassen werden.[184]

Klaus Schwab, Chef des Weltwirtschaftsforums, 2020

Schwab gehört zu den Vordenkern der Globalisten. Seine Vision ist eine neue Weltordnung, in der alles von einer linken Obrigkeit beziehungsweise einer globalistischen Elite geplant, gesteuert und kontrolliert wird. Die Staaten und vor allem überstaatliche Institutionen – am besten eine einzige – bestimmen, unterstützt von »Aktivisten«, also demokratisch nicht legitimierten linken Vorfeldorganisationen, über mehr oder weniger alle menschlichen Tätigkeiten, von der Wirtschaft, dem Zusammenleben bis hin zum Privatleben jedes einzelnen Bürgers. Nur so kann unsere Welt vor den von Schwab und den Linken verkündeten Apokalypsen – Klimawandel, Seuchen, Kriege, soziale Unruhen etc. – gerettet werden. So sieht der große Umbruch, die neue, bessere Welt aus. Schwab predigt eine Art Weltsozialismus. Dass Baerbock und Schwab politisch und ideologisch an einem Strang ziehen, dass Baerbock sozusagen eine Statthalterin der Globalisten in Deutschland ist, hat einen Grund: Sie wurde vom WEF zum sogenannten »Young Global Leader« gekürt. Das Forum of Young Global Leaders zählt zu den einflussreichsten NGOs der Welt, schreibt der *Focus*.[185] Es hat 1400 Mitglieder aus 120 Nationen, die in diesem WEF-Forum als Nachwuchskräfte der Globalisten geschult, präpariert und auf deren Ziele eingeschworen werden. Auf der Internetseite des Forum of Young Global Leaders heißt es:

> **Im Einklang mit der Mission des Weltwirtschaftsforums streben wir danach, die öffentlich-private Zusammenarbeit im globalen öffentlichen Interesse voranzutreiben. Uns eint die Überzeugung, dass die drängenden Probleme der Gegenwart eine Chance darstellen, über Sektoren und Grenzen hinweg eine bessere Zukunft aufzubauen.**[186]
>
> Young Global Leaders

Die Linke versucht einmal mehr die Menschheit zu optimieren und die Gesellschaft, diesmal im globalen Ausmaß, zu verbessern. Die strategisch ausgewählten Young Global Leaders sollen die Pläne der

Globalisten vorantreiben, in internationalen Organisationen, Institutionen, nationalen Regierungen, Parlamenten, Konzernen, Verbänden, NGOs etc.

Das Forum of Young Global Leaders beschleunigt die Wirkung einer vielfältigen Gemeinschaft verantwortungsbewusster Führungskräfte über Grenzen und Sektoren hinweg, um eine integrativere und nachhaltigere Zukunft zu gestalten.[187]

Young Global Leaders

Anders ausgedrückt: Die gut ausgewählten und trainierten Agenten der Globalisten sitzen rund um den Globus an den Schalthebeln der Macht, um die globale Zukunft nach ihren Plänen zu gestalten. Es soll eine gut miteinander vernetzte globale Elite, die über nationale Grenzen hinweg dieselben Ziele verfolgt, geschaffen werden. Wer hier trainiert, indoktriniert und geschult wurde, hat eine Mission zu erfüllen:

In vielen westlichen Staaten hat es in der letzten Dekade Politiker nach ganz oben, an die Schalthebel der Macht gespült, die offenbar alle in derselben ideologischen Medienküche zusammengerührt und ausgebacken wurden. [...] Gemeinsames Merkmal all dieser Politiker ist eine gewisse jugendliche Frische und der unbedingte Wille, die Welle der Wokeness, die sie ins Amt brachte, möglichst schnell und kompromisslos über das ganze Land auszurollen.[188]

Roger Letsch, Journalist, 2024

Bei der Umsetzung der globalistischen Agenda ist Baerbock so kompromisslos, wie Roger Letsch schreibt. Sie wirft dafür, wenn es notwendig ist, auch ihre langjährigen Überzeugungen und grünen Dogmen über Bord. Dafür gibt es zahlreiche Beispiele: So war Baerbock, wie alle Grünen, jahrelang eine fundamentalistische Gentechnikgegnerin. Im Mai 2014 forderte sie mit ihren Parteikollegen im Bundestag »Gentechnikfreiheit im Pflanzenbau«. In dem gemeinsamen Antrag von den Grünen und der Linkspartei heißt es: »Vorbehalte der Bevölkerung gegenüber der Agro-Gentechnik anerkennen – Gentechnikfreiheit im Pflanzenbau dauerhaft sichern.«[189]

Baerbock kämpfte aktiv gegen Gentechnik in allen Bereichen. Das änderte sich, als sie im Januar 2018 gemeinsam mit Robert Habeck zur Parteichefin gewählt wurde. Am Parteitag der Grünen im November desselben Jahres forderte das grüne Führungsduo Habeck und Baerbock, dass die Partei ihre Position zur Gentechnik grundlegend überdenken und ändern solle. *Der Spiegel* berichtete damals:

> **Die Vorsitzenden wollen ihre Position zum Einsatz der Gentechnik in der Landwirtschaft hinterfragen. Man müsse sich überlegen, ob neue Technologien nicht auch helfen könnten, die Versorgung mit Nahrungsmitteln gerade dort zu garantieren, wo Klimawandel für immer weniger Regen sorge. Man wolle auch über den Einsatz von Gentechnik zur Bekämpfung von Krankheiten eine »offene und faire« Debatte führen.**[190]
>
> *Der Spiegel*, 2018

Das ist ein radikaler Schwenk, zumal Gentechnik für den gemeinen Grünen so gefährlich und tabu wie Patriotismus und Atomkraft ist. Der radikale Kampf gegen beide Technologien gehörte lange zum

Kern grüner Politik. Baerbocks Switch hat deshalb auch innerhalb der Partei für Aufregung gesorgt. Was war der Auslöser für diesen Bruch mit einer grünen Grundsatzposition? Die Antwort lautet: Die von den Globalisten forcierte Ernährungswende, bei der es im Kern darum geht, die klein- und mittelständischen, dezentral und marktwirtschaftlich organisierten landwirtschaftlichen Betriebe sowie die nationale Ernährungssicherheit zu zerstören und durch global agierende Nahrungsmittelkonzerne zu ersetzen. Die Umsetzung dieser Pläne hat auch die Bauernproteste in ganz Europa ausgelöst.

Die Menschheit soll sich, so die Pläne der Globalisten, in Zukunft überwiegend von fleischlosen, massenindustriell produzierten Lebensmitteln unter anderem auf Basis von Insekten ernähren. Dafür ist Gentechnik unerlässlich. Das Portal transgen.de schreibt:

> **Eine ganze Reihe von Lebensmittelzutaten kann heute von Mikroorganismen stammen, die mithilfe der Gentechnik dafür optimiert wurden. Neue Verfahren wie die Gen-Schere CRISPR/Cas, Synthetische Biologie oder »gelenkte Evolution« haben die Möglichkeiten noch einmal deutlich erweitert. Seltene oder extrem teure »Naturstoffe« können nun in größeren Mengen produziert werden.**[191]
>
> transgen.de, 2023

Auch bei der Coronapandemie hat sich Baerbock, die 2014 nicht einmal ein Körnchen Genmais runterwürgen wollte, dafür eingesetzt, dass sich Millionen von Bürgern nicht zugelassene, experimentelle genetische Impfstoffe in die Blutbahn jagten. Man sieht, die Ministerin ist, was ihre grünen Überzeugungen betrifft, äußerst flexibel. Sie dienen ihr vor allem dazu, ihre globalistische Politik zu tarnen. Dass Baerbock durch die Schule der Globalisten gegangen ist, erkennt man auch an ihrer transatlantischen Orientierung, ihrer unkritischen Haltung gegenüber den USA, der NATO und an ihrer gefährlichen Kriegsrhetorik im Ukrainekonflikt. Mit der friedensbewegten grünen Basis der Vergangenheit hat Baerbock wenig am Hut, sie ist eine Kriegstreiberin, die den Konflikt in Osteuropa mit Waffenlieferungen an die Ukraine in die Länge ziehen und eskalieren will. Dabei schießt sie als transatlantische Musterschülerin selbst nach globalistischen Maßstäben immer wieder über das Ziel hinaus:

Wir kämpfen einen Krieg gegen Russland und nicht gegeneinander.[192]

Annalena Baerbock, 2023

Diese versehentliche Kriegserklärung war kein Versprecher, gedanklich befindet sich Baerbock seit Langem im Krieg mit Russland. Zumal dieser Konflikt in mehrfacher Hinsicht ein Stellvertreterkrieg ist. Es interessiert Baerbock nicht, ob die Ukraine Teile ihres östlichen Territoriums an Russland abtreten muss oder nicht, sie will, dass Putin diesen Krieg verliert, weil er all das ablehnt und bekämpft, wofür sie selbst steht: Klimawahn, LGBT-Kult, Willkommenskultur, Wokeness, westlicher Imperialismus, Globalismus etc.; weil die aufstrebenden und immer machtbewussteren BRICS-Staaten die globale Vormachtstellung und globalen Pläne des Westens bedrohen.

Freud'sche Versprecher wie die Kriegserklärung an Russland legen ihr Denken und ihre Absichten offen, die sie mit ihren eingelernten und mechanisch wiedergegebenen Phrasen, Stehsätzen und schönen Worten zu verdecken versucht. Baerbock ist eine knallharte Linke, eine Globalistin, die trotz ihrer Lippenbekenntnisse keine überzeugte Demokratin ist und die die Werte, die sie auf der ganzen Welt zu verteidigen vorgibt, längst verraten hat. Mit dem freien Markt, der Basis von Demokratie und Wohlstand, kann Baerbock nichts anfangen, sie ist, wie jeder Sozialist, eine Verfechterin der Planwirtschaft:

> **Damit kommt es unter dem Deckmantel der ideologischen Phrase Technologieoffenheit faktisch zu einer Kannibalisierung unterschiedlicher technologischer Optionen, die am Ende zulasten des Klimaschutzes, der Umwelt und der Volkswirtschaft gehen.**[193]
>
> Annalena Baerbock, 2021

Offenheit, Wettbewerb und Konkurrenz sind für Baerbock eine Gefahr und ein Übel, das es zu bekämpfen gilt. Wettbewerb ist Kannibalisierung. Dabei ist Wettbewerb zwischen Menschen, Ideen, Konzepten, Technologien, Produkten etc. nicht nur die Voraussetzung für Fortschritt und Innovation, sondern auch das Fundament einer freien und wohlhabenden Gesellschaft.

Nur eine offene und freie Gesellschaft – in Wissenschaft und Wirtschaft gleichermaßen – garantiert Entwicklung und Fortschritt, sodass sich das Bessere durchsetzen kann. Wenn hingegen, wie nach Baerbocks Vorstellungen, eine höhere Instanz, in der Regel der Staat, also Technokraten und Apparatschiks, vorgibt, welche Technologie die einzig richtige ist, ist das das Ende jeden Fortschritts und Wandels. Die katastrophal gescheiterte Energie- und Mobilitätswende ist ein Beweis dafür. Eine Herrscherklasse legt sich aus ideologischen, nicht rationalen Überlegungen auf eine Technologie fest und verhindert damit, dass sich bessere und effizientere Ansätze durchsetzen können. Obwohl die Energiewende längst gescheitert ist, sie gigantische Fehlinvestitionen, die Zerstörung der Landschaft, explodierende Energiepreise, Deindustrialisierung etc. verursacht hat, hält man stur daran fest. Wer wie Baerbock im Wettbewerb »Kannibalismus« sieht, hat nichts von Wirtschaft, Markt und Fortschritt verstanden, weiß nicht, wie eine Gesellschaft funktioniert, wie Wohlstand geschaffen und Fortschritt erreicht werden kann. Dass das Geld, das Baerbock so gerne und großzügig verteilt, nur von leistungsfähigen marktwirtschaftlichen Systemen dauerhaft erwirtschaftet werden kann, dass die Linke in Deutschland ihre Willkommenskultur, die jährlich rund 50 Milliarden Euro und mehr verschlingt,[194] nur deshalb so exzessiv ausleben kann, weil die zumindest noch halbwegs intakte deutsche Marktwirtschaft die Geldmittel dafür liefert, übersteigt den geistigen Horizont der Linken.

Sie sägen voller Überzeugung an dem Ast, auf dem sie sitzen. Baerbock, die kein naturwissenschaftliches Studium abgeschlossen hat und über keine technische Ausbildung verfügt, maßt sich an, zu wissen, was die beste Technologie ist, was die Bürger wünschen, welche Güter, in welcher Größenordnung produziert werden müssen und wie sich die Märkte entwickeln:

Die Märkte der Zukunft sind klimaneutral.[195]

Annalena Baerbock, 2021

Nur Ideologen und Scharlatane glauben zu wissen, wie die Märkte der Zukunft aussehen. Märkte sind hochkomplexe Systeme, mit unzähligen Akteuren, Faktoren, Wechselwirkungen und Vernetzungen – was im Übrigen auch auf das Klima zutrifft. Wer glaubt, solch komplexe Systeme zentral und nach Belieben wie ein simples mechanisches Uhrwerk steuern zu können, maßt sich ein Wissen an, über das selbst Genies nicht verfügen, Figuren wie Baerbock schon gar nicht. Der ehemalige Chef des Münchner ifo Instituts, Wirtschaftswissenschafter Hans-Werner Sinn, in einer Markus-Lanz-Diskussionssendung zu Baerbock:

Sie als Politiker wissen, was die zukünftigen Märkte sind, sie wissen, wie man die Industriestruktur ändern muss, damit viele Jobs und eine hohe Rentabilität entsteht, sorry, das wissen sie gar nicht. Das ist eine Anmaßung von Wissen. [...] Und glauben sie mal, wenn der Trend in eine Richtung ginge, dass die Leute Elektroautos plötzlich von allein kaufen, da würden die Firmen natürlich gerne investieren, da brauchen sie sie nicht zu zwingen, bestimmte Dinge zu machen.[196]

Hans-Werner Sinn, Wirtschaftswissenschaftler, 2020

Doch genau dieses Wissen maßen sich Grüne wie Baerbock an, sie glauben in ihrem Unwissen, auf ihrer Inkompetenz und auf ihren ebenso simplen wie falschen Modellen aufbauend, hochkomplexe Systeme mit ein paar Handgriffen zielgenau steuern zu können. Umso absurder erscheint es, dass einer der Hauptkritikpunkte der Grünen an den sogenannten Rechtspopulisten ist, diese hätten nur einfache Antworten auf komplexe Fragen:

Populismus bietet vermeintlich einfache Antworten an. Unsere Welt ist aber komplex, dagegen kann ich kein Schwarzweiß-Denken setzen.[197]

Annalena Baerbock, 2023

Massenzuwanderung aus dem Orient löst den Fachkräftemangel, Wind- und Lastenräder retten das Klima, das Drucken von Geld schafft Wohlstand, mehr Willkommenskultur bekämpft islamistischen Terror etc. So oder so ähnlich sehen die wohldurchdachten, alle

Fakten und Einflüsse abwägenden und hochkomplexen Strategien der Grünen auf die Probleme unserer gegenwärtigen Welt aus!

Denn von mir selbst wusste ich, dass ich gar nichts weiß.[198]

Sokrates

Diese Einsicht des Philosophen Sokrates, diese Weisheit aus der Antike (»Ich weiß, dass ich nichts weiß.«) ist Baerbock völlig fremd. Sie ist der unerschütterlichen Überzeugung: »Ich weiß, dass ich alles weiß.« Dank dieser Hybris steht sie wie eine 5-Jährige vor dem Steuerungspult einer Industrieanlage, von deren Funktionsweise sie nicht die geringste Ahnung hat, und dreht bedenken- und verantwortungslos an den Reglern, Schaltern und Stellschrauben: Gesellschaft, Klima, Wirtschaft und andere komplexe Systeme, die sich allesamt gegenseitig beeinflussen, versuchen die grünen Dilettanten von ihrer ideologischen Kommandobrücke im Elfenbeinturm zentral zu steuern. Jede Intervention, jeder staatliche Eingriff in die Wirtschaft, jede Drehung an einer Stellschraube löst zahlreiche, nicht vorhersehbare Wechselwirkungen aus, die immer weitere Interventionen erforderlich machen. Jeder Eingriff löst eine Kette von Reaktionen und Fehlentwicklungen aus, die wiederum zahlreiche weitere Eingriffe erfordern.

Man nennt das Interventionsspirale. Sie führt stets zu einer Aufblähung der Bürokratie, des Staates, des Gesetzesapparates und zum Kollaps des Systems, wie man das etwa bei der deutschen Energiewende in Echtzeit beobachten kann. Der große Ökonom und Nobelpreisträger Friedrich August von Hayek schreibt in seinem wegweisenden Buch *Der Weg zur Knechtschaft* aus dem Jahr 1944:

Ein häufig gehörtes Argument besteht darin, dass die Komplexität der modernen Zivilisation neue Probleme schafft, die zu lösen wir allenfalls mit zentraler Planung hoffen können. Dieses Argument fußt auf einer vollständigen Verkennung der Funktionsweise des Wettbewerbs. Gerade die Komplexität der Bedingungen in der Moderne macht den Wettbewerb zur einzigen Methode, mit der die Dinge angemessen koordiniert werden können.[199]

Friedrich August von Hayek (1899–1992),
Ökonom und Wirtschaftsnobelpreisträger, 1944

Doch Linke wie Baerbock halten sich, da ihnen jegliches ökonomische Verständnis fehlt, für berufen und geeignet, solche komplexen Systeme zu verstehen und zentral steuern zu können. Sie sind schließlich auch davon überzeugt, besser als die Bürger selbst zu wissen, was für diese gut und richtig ist. Deshalb hegen sie ein tiefes Misstrauen gegenüber der Demokratie, dem freien Markt und der Eigenverantwortung der Bürger, weil sie in der Gewissheit leben, moralisch und intellektuell über dem gemeinen, hart arbeitenden Bürger zu stehen. Ein Grüner selbst hat diese geistige Haltung auf ihrem Parteitag 2017 auf den Punkt gebracht:

Was moralisch richtig ist, wissen wir sowieso, und wir blicken mitleidig auf die anderen, die noch nicht so weit sind.[200]

Bastian Hermisson, Leiter der Heinrich-Böll-Stiftung
in Washington, 2017

Hermisson forderte die Grünen auf, die damals in einer Imagekrise steckten – Stichwort Verbotspartei –, nicht mehr auf den dummen Durchschnittsbürger, der noch nicht so weit ist, »mitleidig« herabzusehen, sondern ihn wie ein Kind an der Hand zu nehmen. Dass die Mehrheit der Bürger und nicht die grüne Politsekte mit ihren Fragestellungen und Lösungsansätzen richtigliegen könnten, ist für Baerbock und Co. undenkbar. Nur die eigene Ideologie, der Green Deal, die Waffenlieferungen an Selenskyj, die Massenzuwanderung und das eigene Verhalten sind dazu geeignet, die Welt, wovor auch immer, zu retten.

Deshalb ist es pure Heuchelei, wenn Baerbock in Sonntagsreden auf der ganzen Welt Demokratie predigt und die Werte der Aufklärung beschwört. Sie sowie ihre Genossinnen und Genossen sind nur so lange glühende Demokraten, wie sie gute Wahlergebnisse erzielen und die Linke zumindest an der Macht beteiligt bleibt. Sobald die Bürger mehrheitlich rechte, liberale und konservative Parteien wählen, stellt sie sofort die Demokratie, die Wahlen und die Wahlergebnisse infrage. Wenn etwa die AfD größeren Wählerzuspruch erfährt, rufen die Grünen als Erstes nach einem Verbot dieser einzigen echten Oppositionspartei.

Wir haben hier klare Verfahren, das ist die Stärke unserer Demokratie.[201]

Annalena Baerbock, 2024

So beantwortet Baerbock die Frage, ob sie für ein Verbot der AfD sei. Da sie sich persönlich nicht zu weit aus dem Fenster lehnen, aber selbstredend die AfD als massive Bedrohung für die Ampelregierung und ihre politische Karriere ausschalten möchte, überträgt sie die Verantwortung auf das »Wir«, sprich die von den Grünen unterwanderten staatlichen Institutionen.

Die rechten Feinde der Parlamente koordinieren sich international, um den Parlamentarismus zu schwächen. Ihre Methode ist Chaos und ihr Ziel Schwächung.[202]

Annalena Baerbock, 2021

Mit solchen hohlen Phrasen und haltlosen Anschuldigungen (Chaos etc.) versucht Baerbock Parteiverbote, Zensur und andere Einschränkungen der Bürgerrechte und der Demokratie zu rechtfertigen. Wenn zu viele Bürger für die falsche Partei votieren, sich »verwählen«, muss man eben die Wahlmöglichkeiten der Bürger einschränken, vor allem, wenn die Systemparteien fürchten müssen, ihre Mehrheit zu verlieren. Dann ist laut Darstellung der Grünen und ihrer Blockparteien die »Demokratie« in Gefahr, weshalb man sie mit Parteiverboten gleich selbst abschafft, selbstredend nur, um sie zu »retten«. Das ist das paradoxe Demokratieverständnis von Baerbock. Sie ist trotz aller schönen Worte und einstudierter Phrasen eine lupenreine Sozialistin und damit eine Feindin der Freiheit:

Transformationsprozesse brauchen politisches Leadership und eine ressortübergreifende Verankerung in einer Regierung.[203]

Annalena Baerbock, 2021

»Transformationsprozesse« werden von Frau Baerbock als eine Art Notwendigkeit beziehungsweise Naturereignis dargestellt, die politisches *Leadership*, zu Deutsch Führung, braucht, und die sich über alle Ressorts erstreckt. Sie plädiert für einen starken zentralistischen Staat mit starker Führung, der alles regelt, steuert und überwacht. Damit es nicht so bedrohlich klingt, wie es ist, damit niemand Bezüge in die deutsche Vergangenheit herstellt, verwendet die schlaue Annalena das unverfängliche englische Wort *Leadership*, denn von der Führung zum Führer ist es nicht mehr weit.

Baerbock stellt Transformation, also den linken Umbau der Gesellschaft, die Zerstörung des Nationalstaates, der Familie, der bürgerlichen Gesellschaft und der bürgerlichen Werte als etwas Notwendiges dar. Um ein links-grünes Herrschaftssystem zu errichten, muss man zuerst die effizienteren und besseren Strukturen zerstören, um das minderwertigere, stets dysfunktionale linke Gesellschaftssystem darauf aufsetzen zu können:

Unser Wohlstand beruht auf entschlossenen politischen Weichenstellungen in Zeiten des Umbruchs.[204]

Annalena Baerbock, 2021

Falsch, unser Wohlstand, den die Grünen und die Ampel mit ihren politischen Weichenstellungen gerade nachhaltig vernichten, beruht, wie überall auf der Welt, auf der freien Marktwirtschaft, die wiederum untrennbar mit Demokratie verbunden ist. Da, wo Menschen, Medien, Ideen, Handel und Kapital frei sind, herrschen Wohlstand und Demokratie, wo der Staat über das Leben der Menschen, die Wirtschaft und die Wissenschaft bestimmt, hingegen Zustände wie in Venezuela oder eben wie im von der Ampel regierten Deutschland des Jahres 2024.

Nur weil wir etwas schon lange so machen, muss es nicht mehr richtig sein.[205]

Annalena Baerbock, 2021

Linke wie Baerbock sind zwar gut darin, Werte, Traditionen, effiziente Strukturen und sogar die natürliche Ordnung (Geschlechter etc.) zu zerstören oder, wie sie es nennen, zu dekonstruieren, aber sie scheitern immer kläglich, wenn es darum geht, ein funktionierendes neues System auf den Trümmern ihrer Destruktion zu errichten. Atomkraftwerke abzuschalten, Grenzen zu öffnen, Familienstrukturen zu zerstören, Verbrennungsmotoren zu verbieten oder männliche Tugenden zu verdammen erfordert weder Intelligenz noch Anstrengungen, sondern nur einen Hang zu Missgunst, Destruktivität und Aggressivität. Etwas auch nur annähernd Gleichwertiges aufzubauen, ist hingegen ungleich schwerer. Was haben Grüne wie Baerbock jemals geschaffen, außer Verboten, Zwängen, Regeln, unbrauchbaren Theorien und Konzepten? Absolut nichts!

Das gilt für alle Ziele und Projekte der Grünen beziehungsweise Linken. Man arbeitet intensiv an der Demontage des Nationalstaates und untergräbt systematisch seine Souveränität, ohne einen brauchbaren Ersatz für ihn zu haben. Peter Sloterdijk äußerte sich bezüglich des Nationalstaates:

Dem Nationalstaat darf man ein langes Leben prophezeien, weil er das einzige politische Großgebilde ist, das bis zur Stunde halbwegs funktioniert.[206]

Peter Sloterdijk, Philosoph, 2016

Deshalb steht er auf der Abschussliste der Grünen. Ihr Vordenker Robert Habeck erklärt:

Vaterlandsliebe fand ich stets zum Kotzen. Ich wusste mit Deutschland noch nie

etwas anzufangen und weiß es bis heute nicht.[207]

Robert Habeck, Wirtschaftsminister, 2010

Wer den Nationalstaat zerstört, der zerstört auch die Demokratie. Denn in politischen Gebilden wie der EU oder suprastaatlichen Organisationen wie der WHO sind Bürgerbeteiligung und Demokratie nur eine Illusion. So ist die EU-Kommission bestenfalls über die Bande demokratisch und das EU-Parlament aufgrund seiner eingeschränkten Kompetenzen nur eine Fake-Volksvertretung, denn alle relevanten Entscheidungen der EU werden ohne Beteiligung der Bürger beschlossen.

Deshalb arbeiten die Grünen vor allem an der Zerstörung des Nationalstaates, der durch das Staatsvolk, das Staatsgebiet und seine Souveränität definiert wird. Ohne Nationalstaat gibt es auch keinen Rechtsstaat. Die drei Säulen, die konstituierenden Merkmale eines Staates, sind ein Staatsgebiet, sprich ein von Grenzen umgebenes Territorium, ein Staatsvolk, sprich eine homogene Gruppe von Menschen mit gemeinsamen Werten, und die Staatsgewalt. Die Zerstörung dieser Säulen haben sich die Grünen zur Aufgabe gemacht.

Der Nationalstaat hat beim linken Establishment ausgedient, ist bestenfalls ein Überbleibsel vergangener Tage. Mithilfe überstaatlicher und supranationaler Organisationen und Institutionen soll er ausgehöhlt und mithilfe von Massenzuwanderung kulturfremder Menschen der innere Zusammenhalt des Staatsvolkes geschwächt werden. Es ist ein Mehrfrontenkrieg gegen den Nationalstaat und das Staatsvolk.[208]

Heinrich Sickl, Autor, und Werner Reichel, Autor, 2020

Die Massenzuwanderung kulturfremder Menschen aus dem Islamgürtel ist ein Instrument, um das Staatsvolk in eine konfliktreiche, atomisierte Gesellschaft von bindungslosen Individuen und rivalisierenden Gruppen zu transformieren, die sich nicht mehr dem Staat verpflichtet fühlen, sondern ihrer Volksgruppe, ihrer Religion und ihrem Klan.

Annalena Baerbock ist auf diesem Gebiet besonders aktiv und verfügt aufgrund ihres Ressorts über viele Möglichkeiten, diese Agenda voranzutreiben. Selbstredend betreibt sie das unter dem Deckmantel von Menschlichkeit und Solidarität. Egal wo auf der Welt ein Konflikt ausbricht, sie findet immer einen Grund, warum »wir« für Menschen in Pakistan, Afghanistan, dem Sudan oder Burundi verantwortlich sein sollen. Grüne wie Baerbock nutzen jeden Konflikt, jede Katastrophe und jedes menschliche Leid, um die deutschen Bürger und Steuerzahler moralisch zu erpressen, um ihre globalistische Agenda voranzutreiben. Vor allem die Machtübernahme der Taliban in Afghanistan lieferte Baerbock »gute« Gründe, Zigtausende Muslime zusätzlich zu den Migrationsströmen über die offenen Grenzen per Flugzeug ins Land zu holen.

Sie sind nicht vergessen. Wir arbeiten mit Hochdruck daran, alle in Sicherheit zu bringen.[209]

Annalena Baerbock, 2021

So kündigte Baerbock ihr Aufnahmeprogramm von »besonders gefährdeten« Afghanen an. Rund 1000 pro Monat wollte Baerbock abseits des Asylsystems zusätzlich einfliegen lassen. Dabei blieb es nicht. Monat für Monat kamen über Baerbocks Programm rund 4000 Migranten nach Deutschland. »Insgesamt wurden zwischen Januar 2022 und März dieses Jahres [2023, Anm. d. Autors] 52 575 Personen, zumeist Afghanen, abseits des Asylsystems nach Deutschland geholt.«[210]

Die Großherzigkeit beruht auf einem Projekt, das Annalena Baerbock im vergangenen Herbst ins Leben rief, um ihrem großen Herz für bedrohte Ausländer ein Denkmal zu setzen: dem Bundesaufnahmeprogramm für besonders bedrohte Afghanen.[211]

Boris Reitschuster, Journalist, 2023

Obwohl Recherchen des Magazins *Cicero* ergaben, dass über Baerbocks Programm weniger verfolgte Afghanen als vielmehr Islamisten nach Deutschland eingeschleust wurden, hielt die Ampelregierung an dem Projekt fest. Dass viele Islamisten und Kriminelle über die von Baerbock geöffnete Schiene geschleust wurden, sollte nicht verwundern, denn die Vorauswahl für jene Afghanen, die als gefährdet eingestuft und nach Deutschland ausgeflogen wurden, trafen nicht deutsche Behörden, sondern NGOs, also grüne Vorfeldorganisationen. Baerbock hat die Verantwortung, welche Afghanen nach Deutschland einreisen dürfen, unter anderem an den umstrittenen Verein Mission Lifeline, also an Linksextremisten übertragen. Der Chef des Migrantenvereins hasst Deutschland und die Deutschen noch mehr als Baerbock, die Grünen und viele Afghanen:

Alle hoffen auf Besserung, auf ein Ende von Rassismus und Abschottungspolitik. Ich fürchte, dass das nicht kommt, solange Deutschland existiert. [...] Die Enthomogenisierung der Gesellschaft schreitet voran. Ich unterstütze das mit meiner Arbeit.[212]

Axel Steier, Mission Lifeline, 2023

Die deutsche Botschaft in Islamabad, Pakistan, warnte, dass unter den eingeflogenen Afghanen, die die deutsche Gesellschaft gemäß den Zielen von Baerbocks Handlangern »enthomogenisieren« sollten, Islamisten, Analphabeten, Betrüger und Terroristen seien. Trotz erheblichen Widerstandes von Annalena Baerbock stellte Innenministerin Nancy Faeser vorübergehend das Programm des Massenimports von afghanischen Flüchtlingen ein.

Baerbock befeuert nicht nur den massenhaften Zuzug von Muslimen, egal ob radikal oder nicht, sie lehnt auch deren Abschiebungen ab, selbst wenn es sich um Kriminelle, Vergewaltiger oder Terroristen handelt. Jeder, der es mit oder ohne Baerbocks Hilfe nach Deutschland schafft, soll auch dauerhaft hierbleiben dürfen. Darum geht es, nicht um Schutz, Asyl und Menschlichkeit, sondern um die Enthomogenisierung, die Multikulturalisierung beziehungsweise Islamisierung der den Grünen so verhassten deutschen Gesellschaft. Baerbock folgt mit ihrer Deutschland zersetzenden Zuwanderungspolitik grünen Vorgängern und Vordenkern wie Joschka Fischer oder Daniel Cohn-Bendit. Die Journalistin Miriam Lau hat die Botschaft des Buches mit dem bezeichnenden Titel *Risiko Deutschland* des ehemaligen grünen Außenministers und Vizekanzlers Joschka Fischer so zusammengefasst:

Deutschland muss von außen eingehegt, und innen durch Zustrom heterogenisiert, quasi »verdünnt« werden.[213]

Miriam Lau, Journalistin, *Die Welt*, 2005

Und der grüne Politstar Daniel Cohn-Bendit beschrieb die multikulturelle Gesellschaft, die die Grünen den Bürgern als bereichernd, wirtschaftsfördernd und als fröhlich-buntes Straßenfest verkaufen so:

Die multikulturelle Gesellschaft ist hart, schnell, grausam und wenig solidarisch [...].[214]

Daniel Cohn-Bendit, 1991

Die für das Land und seine Bevölkerung negativen und vielfach auch blutigen Folgen der Massenzuwanderung sind also keine Kollateralschäden, sondern Ziel dieser Politik. Als am 31. Mai 2024 ein Afghane am Marktplatz in Mannheim den engagierten Islamkritiker Michael Stürzenberger und mehrere andere Menschen verletzte sowie einen Polizisten tötete, lehnte Baerbock die Abschiebungen von Afghanen demonstrativ ab. Nach dem Attentat postete sie auf X:

Das Ziel von Extremisten ist es, uns zu spalten. Unabhängig davon, ob es Islamismus oder Rechtsextremismus ist. Statt der Spaltung durch Migrationsdiskussionen nachzugeben, müssen wir uns ihr gemeinsam entgegenstellen.[215]

Annalena Baerbock, 2024

Selbstredend hat Baerbock den Namen Stürzenberger und das Motiv des Attentäters bei ihrer geheuchelten Mitleidsbekundung nicht erwähnt, weil Stürzenberger offen gegen Islamismus und für Demokratie eingetreten ist. Schließlich ist es vor allem Baerbocks Verdienst, dass so viele Afghanen, Syrer und Co. Deutschland unsicher machen.

Die grüne Außenministerin ist lediglich darüber besorgt, dass es nach dem blutigen Attentat eine »Migrationsdebatte« geben könnte, die ihr Projekt, Deutschland weiterhin mit Afghanen zu fluten, bremsen könnte. Deshalb machte sie auch nach dem Attentat klar, dass afghanische Mörder, Vergewaltiger, Terroristen etc. auch künftig nicht abgeschoben werden. Mit dem Argument, dass dies nicht möglich sei.

Wie will man mit einem islamistischen Terrorregime zusammenarbeiten, mit dem wir gar keine Beziehungen haben? Und wie schließen wir aus, dass von dort aus dann nicht der nächste Terroranschlag geplant wird?[216]

Annalena Baerbock, 2024

Baerbocks Ansicht nach ist es also klüger und sicherer, die Terroristen im eigenen Land zu haben, weil man sie hier – freilich nur theoretisch – überwachen kann. Damit sendet sie gezielt Signale an Verbrecher und Terroristen in Deutschland und der ganzen Welt aus: Egal was ihr auch verbrochen haben mögt, wir werden euch nicht aus dem Sozialparadies »Germoney« abschieben. Damit auch wirklich kein Islamist, egal wie viel Blut an seinen Händen klebt, abgeschoben werden muss, weigert sich Baerbock standhaft, die Liste der sogenannten sicheren Herkunftsländer zu erweitern:

Aus innenpolitischen Gründen außenpolitisch mit dem Rasenmäher vorzugehen, halte ich für einen gewagten Ansatz.[217]

Annalena Baerbock, 2023

Ist ein Staat kein sicheres Herkunftsland, kann man dorthin auch nicht abschieben. Der Großteil der Staaten dieser Welt gilt in Deutschland als nicht sicher, darunter – mit Ausnahme des Senegals – alle Staaten mit muslimischer Mehrheitsbevölkerung außerhalb Europas.[218] Baerbock weigert sich standhaft, selbst Urlaubsländer wie Marokko in die Liste der sicheren Herkunftsstaaten aufzunehmen. Deshalb ist es auch nicht glaubhaft, wenn sie und andere Linke nach jedem weiteren islamistischen Blutbad behaupten, um die aufgebrachten Bürger einzulullen und Handlungswillen vorzutäuschen, ausländische Straftäter sollten schneller abgeschoben werden, zumal sie genau das mit ihrer Politik zu verhindern versuchen. Solche Ankündigungen, die ausschließlich dazu dienen, die Bevölkerung zu beruhigen, sind deshalb auch noch nie umgesetzt worden. Während man bei importierten Verbrechern jedes nationale Gesetz und jede internationale Vereinbarung bis aufs letzte Komma zugunsten der Migranten ausreizt, ist die Sicherheit der Deutschen praktisch nichts mehr wert

Baerbock ist sowohl eine links-grüne Ideologin als auch eine globalistische Handlangerin. Wann immer diese beiden Haltungen in Widerspruch zueinander stehen, priorisiert sie die Ziele der Globalisten. Sie ist insofern keine linke Fundamentalistin, sondern ein Machtmensch, der seine Überzeugungen und Werte den aktuellen Erfordernissen, den Zielvorgaben der globalistischen Drahtzieher und den Notwendigkeiten ihrer Karriereplanung anpasst. Die offiziellen grünen Werte und Ziele wie Umweltschutz und Klima sind immer nur Mittel zum Zweck. Baerbocks Ziel ist es, wie die ihrer sozialistischen und kommunistischen Vorgängergenerationen, ein kollektivistisches, zentral gesteuertes Zwangs- und Kontrollsystem aufzubauen:

Unter der Klimakrise leiden die Ärmsten und sozial Schwächsten am meisten. Deshalb ist Klimaschutz auch Sozialpolitik.[219]

Annalena Baerbock, 2018

Die Außenministerin: Polterdiplomatie und Fettnäpfe

Die deutsche Außenministerin Annalena Baerbock ist dafür bekannt, auch auf internationaler Bühne kein Blatt vor den Mund zu nehmen.[220]

t-online.de, 2024

Kein Blatt vor den Mund zu nehmen, mag in gewissen Situationen und Gesellschaftsschichten durchaus als Tugend und positive Eigenschaft gelten, als Diplomat, als höchster außenpolitischer Vertreter eines Landes sollte man das aber tunlichst unterlassen. Eine Außenministerin sollte vielmehr die Kunst der Diplomatie beherrschen. Und die ist tatsächlich mehr Kunst als Handwerk:

Diplomaten sind Spezialisten für Informationsverarbeitung und Kommunikation [...]. Die Anforderungen an fachliche und soziale Fähigkeiten sind enorm hoch. Außer einer ausgezeichneten Allgemeinbildung brauchen sie profunde Kenntnisse in Zeitgeschichte und Politik, in Völkerrecht und Volkswirtschaftslehre. [...] Diplomaten müssen fähig sein, Verständnis für die Interessenlage und Perzeption des

Verhandlungspartners zu entwickeln und ihn unter Achtung seiner essenziellen Interessen für die eigene Position zu gewinnen. Tragfähige Lösungen lassen sich nur erreichen, wenn beide Parteien ihr Gesicht wahren können. Genaue Kenntnis der verfügbaren faktischen Informationen und der Interessenlage der anderen Seite führt nicht weiter, wenn man kein Gespür für die Sozialisationszusammenhänge entwickelt.[221]

Rolf-Dieter Schnelle, ehemaliger Diplomat, 2024

Das ist nach Ansicht des ehemaligen Diplomaten und nunmehrigen Hochschullehrers Dr. Rolf-Dieter Schnelle das Anforderungsprofil eines Diplomaten. Würde man diese Kriterien auf Annalena Baerbock anwenden, sie hätte, wie es der Philosoph Richard David Precht formuliert hat, nicht einmal ein Praktikum im Auswärtigen Amt bekommen. Als Außenministerin macht Baerbock vielmehr das Gegenteil von dem, was man von ihr als oberster Diplomatin des Landes erwartet. Selbst Grundvoraussetzungen wie eine profunde Allgemeinbildung oder Kenntnisse in Zeitgeschichte sind bei ihr – wie in diesem Buch ausführlich dargestellt –Fehlanzeige.

Auch Anpassungsfähigkeit und kommunikative Kompetenz zählen nicht gerade zu ihren Stärken, um es freundlich zu formulieren. Baerbock ist für den Job als Außenministerin denkbar schlecht geeignet. Das ist fatal, denn ein Außenminister gilt »im Bereich der internationalen Beziehungen in der Regel als vollumfänglich bevollmächtigte Vertretung des eigenen Landes«.[222] Dass Baerbock eine Fehlbesetzung für dieses hochsensible und verantwortungsvolle Amt ist, beweist sie beinahe täglich. Sie stößt Staatsmänner, Amtskollegen und sogar die Führer von Weltmächten wie China, von denen Deutschland in hohem Maße nicht nur wirtschaftlich abhängig ist, vor den Kopf. Dass sie dabei nicht noch mehr Schaden anrichtet, liegt vor allem daran, dass

Baerbock auf der internationalen Bühne kaum ernst genommen wird. Außerhalb ihrer politmedialen Blase in Deutschland wird sie vielmehr als Witzfigur, als Elefant im Porzellanladen gesehen. Das ist zwar einerseits für eine große Nation wie Deutschland, die sich gerne als globaler Vorreiter in Sachen Umweltschutz, grüner Energie, Menschlichkeit und Moral sieht, peinlich, kann aber auch hilfreich sein, wenn etwa die Außenministerin aus Versehen bei der parlamentarischen Versammlung des Europarats in Straßburg, also auf großer internationaler Bühne, Russland den Krieg erklärt.[223]

Sie ist der feministische Elefant im internationalen Porzellanladen, der zertrampelt, was Deutschland, das viele hervorragende Staatsmänner, Außenpolitiker und Diplomaten hervorgebracht hat, über Jahre aufgebaut hat. Als Diplomatin sollte sie versuchen, ihre Interessen durch kluge Verhandlungen, geschickte Rhetorik und durchdachte Kommunikationsstrategien durchzusetzen und nicht ihr Gegenüber wie eine Spätpubertierende mit unangemessenen und provokanten Äußerungen vor den Kopf zu stoßen.

Dass Baerbock mit einer Selbstverständlichkeit durch die Weltgeschichte trampelt und in postkolonialer Manier und schlechter deutscher Herrenmenschentradition andere Staaten und deren Vertreter maßregelt, ungefragt »gute« Ratschläge erteilt und auftritt, als wäre sie die Repräsentantin eines nach wie vor politisch, wirtschaftlich und militärisch mächtigen Landes, ist angesichts des realen Zustands von Deutschland und seines mittlerweile verheerenden Images im Ausland nicht nur peinlich, sondern auch gefährlich.

Ich fürchte die Grünen, weil ich bei Frau Baerbock zu viel spontane Naivität sehe. Dass sie Außenministerin würde, kann ich mir wirklich nur mit Schrecken vorstellen.[224]

Klaus von Dohnanyi, ehemaliger Bürgermeister von Hamburg, 2021

Klaus von Dohnanyis Befürchtungen wurden leider wahr. In einer sich im Umbruch befindlichen, multipolaren Welt, in der sich die Machtgefüge verschieben, neue Allianzen bilden und Europa zunehmend aufs Abstellgleis gerät, wären eine weitsichtige, alle Faktoren abwägende Außenpolitik und eine kluge geopolitische Strategie notwendig. Doch Deutschland hat Baerbock.

Sie versteht sich zudem als Vertreterin eines Deutschlands, das nicht mehr existiert, das die Linken und insbesondere die Grünen in den vergangenen Jahrzehnten erfolgreich zerstört haben. Sie stützt ihr forsches und selbstherrliches Auftreten auf internationaler Bühne auf die vergangenen Leistungen und Erfolge Deutschlands, als »Made in Germany« noch ein Qualitätssiegel war.

Nein, Deutschland ist, dank der linken deutschlandfeindlichen Politik von Merkel, Baerbock und Co., kein angesehenes Land mehr, das für seine Erfolge in Wirtschaft, Wissenschaft, Technik und Ingenieurwesen weltweit bewundert wird. Innovation und Wirtschaftswachstum finden nun in Fernost, Deindustrialisierung und Niedergang in Deutschland statt. Wer einen vor der Pleite stehenden Laden leitet und wie der Manager eines erfolgreichen Weltkonzerns auftritt, macht sich einfach nur lächerlich. Insofern ist Baerbock eine würdige, eine authentische Vertreterin des gegenwärtigen Deutschlands. Während sie davon überzeugt ist, dass Deutschland für seine Klima- und Energiepolitik, die sie in alle Welt exportieren möchte, geschätzt und bewundert wird, schreibt das *Wall Street Journal* über die deutsche Energiewende:

World's Dumbest Energy Policy[225]

Wall Street Journal, 2019

Deutschland betreibt die »dümmste Energiepolitik der Welt, so eines der renommiertesten Wirtschaftsblätter. Das war 2019, jetzt, 5 Jahre später, ist sie dank grüner Regierungsbeteiligung nicht nur dumm, sondern schwer selbstschädigend. Man denke an die Abschaltung der letzten drei AKWs trotz des Ukrainekonflikts. Die Diskrepanz zwischen grünem Anspruch, grünem Selbstbild und der Wirklichkeit wird auf internationaler Bühne besonders sichtbar, weil hier die massenmedialen linken Filter, die Deutschland und die grüne Politik schönfärben, fehlen. Ohne diese dank gleichgeschalteter Mainstream-Medien beinahe flächendeckende Propaganda und Desinformation ist Baerbock, was sie tatsächlich ist: eine Außenministerin, die nicht die Interessen ihres Landes und ihrer Wähler vertritt – was sie auch offen zugibt –, sondern die ihre Position dazu nutzt, sich für ihr schrumpfendes links-grünes Milieu zu inszenieren und die globalistische Agenda umzusetzen, auch wenn sie international kein Standing hat. Schon gar nicht in den aufstrebenden BRICS-Staaten.

Trotzdem oder vielleicht gerade deshalb fühlt sie sich berufen, den chinesischen Präsidenten Xi Jinping zu beleidigen, Russlands Präsident Putin zu beschimpfen, Ungarns Premier Orbán zu maßregeln und Donald Tump als Gefahr für Freiheit und Demokratie darzustellen. Auf die Frage einer Journalistin, ob ihr mulmig werde, wenn sie daran denke, Donald Trump könne zum zweiten Mal US-Präsident werden, antwortete sie:

Gerade, wenn Freiheit und Demokratie der Wind ins Gesicht bläst, sollte man sich dem standhaft entgegenstellen.[226]

Annalena Baerbock, 2024

Die Vertreterin einer linken Verbots-, Kontroll- und Zensurpartei als mutige Kämpferin für die Aufrechterhaltung der Freiheit in den USA. Wie absurd, anmaßend und verschroben diese Antwort ist, fällt nur jenen nicht auf, die nie ihren Kopf aus der linken deutschen Echokammer gesteckt haben. Wie weit die Sichtweise des Auslands und das Selbstbild der Grünen beziehungsweise Baerbocks bezüglich der Rolle Deutschlands in der Welt auseinanderliegen, versuchte US-Senator J. D. Vance, der aktuelle Vizepräsidentschaftskandidat der Republikaner, bei der Sicherheitskonferenz in München 2023 der ebenfalls am Podium sitzenden Ricarda Lang klarzumachen:

**Sie deindustrialisieren Ihr eigenes Land,
während Sie gleichzeitig sagen,
dass Putin um jeden Preis besiegt werden muss.
Wenn Putin um jeden Preis besiegt werden muss,
dann, liebe deutsche Freunde, hört auf,
euer eigenes Land im Namen einer lächerlichen
grünen Energiepolitik zu deindustrialisieren.**[227]

J. D. Vance, US-Vizepräsidentschaftskandidat
der Republikaner, 2024

Dass Baerbock überhaupt noch international Aufmerksamkeit geschenkt wird, hat sie vor allem dem Nachhall des deutschen Wirtschaftswunders und deren Vertretern zu verdanken. Deutschlands mittlerweile erodierte Reputation gründete sich auf zwei Säulen: Auf seinen wirtschaftlichen Erfolg, sprich die soziale Marktwirtschaft, und auf die deutschen Sekundärtugenden wie Fleiß, Pflichtbewusstsein, Zuverlässigkeit, Verantwortungsbewusstsein, Ordnungsliebe etc. Dafür wurde Deutschland bewundert und geachtet.

Helmut Schmidt spricht weiter von Pflichtgefühl, Berechenbarkeit, Machbarkeit, Standhaftigkeit. Das sind Sekundärtugenden. Ganz präzise gesagt: Damit kann man auch ein KZ betreiben.[228]

Oskar Lafontaine, ehemaliger Parteichef Die Linke, 1982

Genau diese Tugenden, die das Fundament gebildet haben, auf dem der wirtschaftliche Erfolg Deutschlands ruhte, wurden und werden von den 68ern und den Grünen gehasst, bekämpft und als rechtsextrem, sprich verbrecherisch gebrandmarkt. Die Linke und insbesondere die Grünen haben Deutschland in einen bunten Clown-Staat umgebaut:

Deutschland gibt sich wie ein gefühlsgeleiteter Hippie-Staat.[229]

Anthony Glees, britischer Historiker und Politologe, 2015

Baerbock ist die außenpolitische Vertreterin dieses Hippie-Staates. Und als solche wird sie auch wahrgenommen und behandelt. Auch wenn das die Ampelregierung und die Mainstream-Medien anders darstellen.

Annalena Baerbock [...] ist eine überqualifizierte Expertin für internationales Recht [...] und sie schreckt vor nichts und niemandem zurück.[230]

Deutsche Welle, 2021

Die öffentlich-rechtlichen Hippie-Medien verehren und bewundern ihre Hippie-Außenministerin. Und Baerbock lässt sich gerne bewundern. Die linken Medien und die Außenministerin bestätigen sich in ihrer Echokammer in ihrer Haltung und Weltfremdheit gegenseitig: ein gefährlicher Rückkoppelungseffekt. Dank dieses unkritischen medialen Feedbacks überschätzt Baerbock maßlos sich selbst und ihren Einfluss in der Welt. Das Einzige, was das Ausland an ihr wirklich schätzt, ist, dass sie das Geld der deutschen Steuerzahler großzügig über den ganzen Planeten, von Peru bis Pakistan, verschenkt.

Es ist eine grünrosa Scheinwelt, die nur in Baerbocks Kopf und in der linken Blase Deutschlands existiert. Im Rest der Welt wird sie als Witzfigur gesehen, die von Fettnapf zu Fettnapf stolpert. Welchen Stellenwert Baerbock tatsächlich hat, versuchte ihr China – leider erfolglos – bei ihrem dortigen Besuch im April 2023 klarzumachen.

Der chinesische Staatsrat und Außenminister Qin Gang besuchte am Freitag mit der deutschen Außenministerin Annalena Baerbock deutsche Unternehmen in Tianjin und fuhr anschließend mit ihr im Hochgeschwindigkeitszug nach Peking. Diese Höflichkeitsbezeugungen Chinas gegenüber der deutschen Außenministerin zeugen von der Aufgeschlossenheit Pekings.[231]

Global Times, 2023

Die *Global Times*, das englischsprachige Zentralorgan der Kommunistischen Partei Chinas (KPCh), betont, dass es Baerbock nur der »Aufgeschlossenheit« und Höflichkeit Chinas zu verdanken hat, dass der chinesische Außenmister sie getroffen habe. Das ist angesichts der sonstigen zurückhaltenden außenpolitischen Kommunikation Pekings mit dem Westen die größtmögliche Demütigung für Baerbock und

Deutschland. Schon vor ihrem Besuch versuchte China via *Global Times*, Baerbock auf ihre Aufgaben als Außenministerin hinzuweisen:

Als größte Volkswirtschaft Europas und Land mit der engsten Wirtschafts- und Handelskooperation mit China innerhalb der EU sollte Deutschland dieser Rolle gerecht werden und seine pragmatische Seite stärker zum Ausdruck bringen [...].[232]

Global Times, 2023

Der Ratschlag verpuffte angesichts der Ignoranz der Außenministerin. Baerbock hat bei ihrem Besuch erwartungsgemäß viel chinesisches Porzellan zerschlagen:

Baerbock ist nicht nur eine Vertreterin der deutschen Grünen, sondern auch eine proamerikanische Politikerin, die feindselige Ansichten gegenüber China vertritt.[233]

Global Times, 2023

Auch diese Feststellung ist für Baerbock wenig schmeichelhaft. Noch deutlicher wird China ein Jahr später:

Während Scholz kürzlich China besuchte und viele positive Vereinbarungen erzielte, liegen das von den rechtsextremen Grünen [!] kontrollierte deutsche Außen- und Wirtschaftsministerium und die von Scholz geführte Sozialdemokratische Partei insbesondere in der

Chinapolitik im Streit, was die chinesisch-deutsche Zusammenarbeit beeinträchtigen und Deutschlands eigene wirtschaftliche und soziale Erholung behindern könnte, warnten Analysten.[234]

Global Times, 2024

Den Grund für die Verärgerung Chinas hat der deutsche Philosoph Richard David Precht so beschrieben:

Dass jemand mit dieser moralischen Inbrunst einer Klassensprecherin einer Weltmacht, einer Kulturnation versucht zu erklären, was westliche Werte sind [...].[235]

Richard David Precht, Philosoph, 2023

Noch dazu Werte, die die grüne Klassensprecherin zwar propagiert, aber selbst nicht lebt und vertritt. Nicht nur, dass die Grünen in Peking als »rechtsextrem« beziehungsweise faschistisch gelten, womit die Chinesen nicht ganz falsch liegen, man sagt offen, dass Baerbock die deutsch-chinesischen Beziehungen massiv gefährdet. Das ist eine deutliche Aufforderung an Bundeskanzler Olaf Scholz, seine Außenministerin endlich zur Räson zu bringen beziehungsweise zu ersetzen. Was China dabei nicht bedacht zu haben scheint, ist, dass in Deutschland nicht die SPD, sondern die für China rechtsextremen Grünen den Ton angeben.

Dass Baerbock China mit ihren Aussagen immer wieder brüskiert, wird von den deutschen Mainstream-Medien als mutig uminterpretiert, ist aber ohne grüne Scheuklappen betrachtet nur hochgradig fahrlässig und verantwortungslos. Zumal Deutschland von China massiv abhängig ist. »Die deutsche Wirtschaft ist sehr viel abhängiger von China als umgekehrt«, so das Institut der deutschen Wirtschaft (IW).[236] Laut einer Studie des ifo Instituts sind knapp die Hälfte aller deutschen Unternehmen auf wichtige Vorleistungen aus China angewiesen. Bei der Automobilindustrie, Datenverarbeitungsgeräten und elektrischer Ausrüstung sind es sogar über 70 Prozent.[237] Sprich, wenn China will, stehen in Deutschland alle Räder still. Dessen völlig ungeachtet, sich ihrer enormen Verantwortung nicht bewusst, fährt Baerbock als pausbäckige Handlangerin der USA beziehungsweise der Globalisten eine aggressive Chinapolitik, die außer Deutschland zu schaden, wenig Erfolge zeitigt. Sie beschimpft sogar den wohl mächtigsten Mann der Welt, Xi Jinping, als Diktator.

Wenn Putin diesen Krieg gewinnen würde, was wäre das für ein Zeichen für andere Diktatoren auf der Welt, wie Xi, wie den chinesischen Präsidenten? Deshalb muss die Ukraine diesen Krieg gewinnen.[238]

Annalena Baerbock, 2023

Das sagte Baerbock in einem Interview mit dem US-Nachrichtensender Fox News. Sie löste damit grobe Verstimmungen in Peking aus. China sprach von einer »offenen politischen Provokation«[239] und das chinesische Außenministerium bestellte die deutsche Botschafterin in Peking ein. Das ist eine besonders scharfe Maßnahme, um dem anderen zu zeigen, er habe eine rote Linie überschritten. Nun steht außer Zweifel, dass Xi ein Diktator ist, das weiß jedes Grundschulkind, jeder Diplomat und leider auch die »naive Klassensprecherin« Annalena Baerbock. Die Frage ist nur, ob man das als Außenminister eines Landes hinausposaunt, das von China wirtschaftlich in hohem Maße abhängig ist. Trotzdem rückte die deutsche Mainstream-Presse geschlossen aus, um Baerbocks Scharte einmal mehr auszuwetzen. Sie erklärten den Bürgern in ihren gleichlautenden Analysen und Kolumnen, was diese ohnehin wussten, nämlich dass Xi Jinping ein Diktator ist, aber nicht, warum es sinnvoll oder zielführend sein soll, das als deutsche Außenministerin kundzutun. In der totalen Verkennung der Machtverhältnisse drohte Baerbock Peking, nachdem China ein 3-tägiges Militärmanöver vor den Gewässern Taiwans abgehalten hatte:

Aber man muss auch deutlich machen, dass wir es nicht hinnehmen würden, wenn es zu einer militärischen Eskalation kommt.[240]

Annalena Baerbock, 2023

Wer einer Weltmacht droht und deren obersten Repräsentanten beleidigt, sollte seine Drohungen auch wahrmachen und eine entsprechende und vor allem glaubwürdige Drohkulisse aufbauen können, andernfalls ist er nur ein peinlicher Maulheld, ohne jede Glaubwürdigkeit. Was also will Baerbock unternehmen, sollte China in Taiwan einmarschieren, das es als sein eigenes Territorium betrachtet und daher jeden Konflikt mit der Insel als interne Angelegenheit ansieht? Militärisch eingreifen? Mit einer völlig kaputtgesparten Bundeswehr, die es vermutlich nicht einmal bis Taiwan schaffen würde. Das ist dermaßen lächerlich, dass es sich nicht lohnt, auch nur eine Sekunde darüber nachzudenken. Wirtschaftliche Sanktionen gegen China wären nicht minder absurd, zumal sich Deutschland damit nur ins eigene Knie schießen würde. Viel mehr noch als mit den Sanktionen gegen Russland. Eine solche Drohung beziehungsweise Warnung kann nur jemand ausstoßen, der keinen Bezug mehr zur Realität hat, der sich, seine Stellung, seine Möglichkeiten und sein Umfeld völlig fasch einschätzt oder dem es egal ist, wie er sich und das Land, das er vertritt, blamiert und schädigt. Baerbock macht Außenpolitik für ihre links-grüne Blase, für die USA, die Globalisten und ihr eigenes psychisches Wohlbefinden, aber leider nicht für Deutschland. Baerbocks Chinapolitik besteht vor allem darin, Peking regelmäßig anzukläffen.

Ich muss offen sagen, dass ich mich frage, warum die chinesische Regierung bisher nicht die Aufforderung an den Aggressor Russland richtet, den Krieg zu stoppen. Der Besuch von Präsident Xi in Moskau hat gezeigt, dass kein anderes Land mehr Einfluss auf Russland hat als China.[241]

Annalena Baerbock, 2023

Trotz dieser penetranten und impertinenten Belehrungen bleibt China, was wohl der konfuzianischen Kultur geschuldet ist, höflich. Wesentlich direkter drückt es Ebrahim Hashem, Polit- und Wirtschaftsberater aus den Vereinigten Arabischen Emiraten aus:

Es tut mir leid, aber Ihre Außenministerin ist zu jung. Sie hat keine Erfahrung und manchmal merkt man das, wenn sie spricht.[242]

Ebrahim Hashem, Strategieberater, 2023

Der einflussreiche Mann aus dem arabischen Raum legt noch einen drauf:

Einige ausländische Beamte sind sich nicht bewusst, dass sie sich dilettantisch verhalten und grob klingen. Es scheint

ihnen an einem grundlegenden Verständnis des Weltgeschehens und an grundlegenden diplomatischen Umgangsformen zu mangeln.[243]

Ebrahim Hashem, Strategieberater, 2023

Grund für den Unmut Haschems war, dass Baerbock die Arabische Liga kritisiert hatte, weil diese Syrien wieder in ihre Reihen aufgenommen hatte. Die arabischen Staaten werteten Baerbocks Kritik als Einmischung in innere Angelegenheiten. Hashem: »Die Rückkehr Syriens auf seinen Sitz in der Arabischen Liga ist in erster Linie eine arabische Angelegenheit. Ausländer können sich beschweren und protestieren so viel sie wollen, die Araber schenken ihnen keine Beachtung mehr.« Und weiter in Richtung Baerbock:

Arabische Beamte sind viel kultivierter und gebildeter als viele ihrer ausländischen Kollegen. Vielleicht sollten arabische Beamte ihnen anbieten, sie in der Kunst der Diplomatie und im Weltgeschehen zu schulen.[244]

Ebrahim Hashem, Strategieberater, 2023

Doch auch über diese heftige Kritik wurden die deutschen Bürger, die die Folgen der Baerbock'schen Außenpolitik zu tragen haben, von den Mainstream-Medien nicht informiert. Einmal mehr werden Baerbocks als Zumutung und Einmischung empfundene Aussagen von den deutschen Medien als mutig bezeichnet. Während einige Länder Baerbocks Verhalten mehr oder weniger offen kritisieren, hat Indien, das einwohnerreichste Land und die größte Demokratie der Welt, einen anderen Weg gewählt, der Ministerin zu zeigen, was man von ihr und ihrer Außenpolitik hält, welchen Stellenwert man ihr beimisst.

Keiner da?[245]

Annalena Baerbock, 2023

Das fragte sich Baerbock, als sie am 1. März 2023 am Flughafen in Neu-Delhi aus dem Flugzeug stieg. Niemand, wirklich niemand, war gekommen, um die weltberühmte, feministische Außenministerin aus »Germoney« zu empfangen, die in Indien wie viele andere Politiker am G20-Gipfel teilnahm. Kein Außenminister, kein lokaler Politiker, ja nicht einmal ein kleiner indischer Beamter oder Flughafenmitarbeiter wollte sie begrüßen. Das war kein Fauxpas, kein Versehen, sondern das Zeichen einer aufstrebenden Regional- und vermutlich künftigen Weltmacht. Selbst die *Zeit* musste schreiben: »Wo Deutschland ziemlich egal ist.«[246]

Eigentlich wollte der deutsche Mainstream den peinlichen Nicht-Empfang komplett unter den Teppich kehren, aber die Bilder von der verloren am Flugfeld herumirrenden Baerbock verbreiteten sich rasant über die sozialen Medien und machten sie zum Gespött im Internet. Die *Zeit* musste widerwillig zugeben: »Es gibt diese Bilder«, was auch der Grund war, warum man überhaupt darüber berichten musste.

Einen Tag zuvor war Baerbocks russischer Amtskollege Sergei Lawrow mit großem Aufgebot und allen Ehren empfangen worden. Selbst diese nicht gerade subtile Botschaft an Deutschland hat man in Berlin völlig ignoriert. Ungarns Premier Victor Orbán, der außerhalb der EU vor allem bei den BRICS-Staaten höchstes Ansehen genießt, hat Baerbock überhaupt einen Korb gegeben. Sie sah, nachdem Orbán auf Friedensmission nach Kiew zu Wolodymyr Selenskyj und danach zu Wladimir Putin nach Moskau reiste und auch dem chinesischen Präsidenten Xi Jinping einen Besuch abstattete, »Gesprächsbedarf« zwischen ihr und Orbán beziehungsweise dessen Außenminister. Ungarn sah das anders und sagte den bereits fixierten Besuch Baerbocks in Budapest ab.

Nach Orbáns Putin-Schock: Ungarn lässt Baerbock eiskalt auflaufen[247]

Münchner Merkur, 2024

Solche Blamagen und Demütigungen scheint Baerbock in ihrem Elfenbeinturm nicht einmal zu registrieren oder sie steckt sie einfach weg. Sie lässt sich jedenfalls nicht davon abhalten, weiterhin in der Weltgeschichte herumzureisen, während zumindest der ein oder andere deutsche Journalist erkennt:

Wie lange kann sich Deutschland diese Außenministerin noch leisten?[248]

Ulrich Reitz, *FOCUS-online*-Chefkorrespondent, 2024

Solche vereinzelten Stimmen gehen im großen medialen Baerbock-Fanklub unter. Dass ihre Reisen immer wieder für wenig schmeichelhafte Schlagzeilen sorgen, ist aber nicht immer und nicht ausschließlich ihre Schuld:

Wir haben alles versucht: leider ist es logistisch nicht möglich, meine Indo-Pazifik-Reise ohne den defekten Flieger fortzusetzen. Das ist mehr als ärgerlich.[249]

Annalena Baerbock, 2023

Eine der immer wieder auftretenden Pannen der deutschen Regierungsflieger stoppte Baerbock bei ihrer geplanten Sinnlosreise nach Fidschi. Aber auch in ihrem Posting scheiterte sie an der deutschen Sprache: Ihre Reise ließ sich nämlich nicht mit einem defekten Flieger fortsetzen, sondern nur mit einem funktionstüchtigen.

Baerbock war auf dem Weg ins rund 16000 Kilometer entfernte Fidschi in den Vereinigten Arabischen Emiraten gestrandet, wobei der defekte Flieger 160 Tonnen Kerosin ablassen musste. Baerbocks Südsee-Trip hat heftige Kritik ausgelöst. Die Inseln am anderen Ende der Welt ohne erkennbaren Grund zu besuchen, ist sowohl finanziell als auch nach Baerbocks Maßstäben umweltpolitischer Wahnsinn. Zumal der Flug ausschließlich ihrer Selbstinszenierung diente. Ausbeute solcher Reisen sind in der Regel nur kitschig inszenierte Fotos der Außenministerin barfuß an fernen Südseestränden, die sie in den sozialen Medien veröffentlicht.

Teure Reisen nach Fidschi oder Palau haben für die daheimgebliebenen deutschen Bürger allerdings den Vorteil, dass der Schaden, den sie in kleinen Südseestaaten anrichten kann, begrenzt ist. Etwas anderes ist es, wenn Baerbock einmal mehr nach Israel reist und auch von dort Strandfotos postet. Kitschige Strandfotos, nachdem sie das Holocaustdenkmal Yad Vashem besucht hatte.

**Ich bin noch tief berührt von meinem Besuch in Yad Vashem
Aber nun kommt endlich wieder die Sonne raus.**[250]

Annalena Baerbock, 2022

Diesen Ort für ihre It-Girl-Inszenierungen in den sozialen Medien zu missbrauchen, ist tatsächlich mehr als unangebracht. Nach entsprechender Kritik löschte das Auswärtige Amt ihr Posting. Das war aber nur der kleinste Fettnapf, in den Baerbock während ihrer regelmäßigen Israelreisen getreten ist. Ihre entbehrlichen Ratschläge und Einmischungen in den Nahostkonflikt sorgen dort immer wieder und auf beiden Seiten für Empörung und Entsetzen. Bei einem ihrer Besuche in Israel ist es sogar zu einem heftigen Streit mit Ministerpräsident Benjamin Netanjahu gekommen:

**Streit zwischen Baerbock und Netanjahu enthüllt.
Riesen-Eklat hinter verschlossenen Türen.**[251]

bild.de, 2024

Warum fühlt sich ausgerechnet »Klassensprecherin« Baerbock berufen, sich immer wieder in diesen Konflikt einzumischen und Partei zu ergreifen? Als deutsche Außenministerin hat sie vor allem die Interessen ihres Landes zu vertreten. Zumal weder Netanjahu noch die Palästinenser ihre Ratschläge benötigen, geschweige denn beherzigen würden. Baerbock nutzt ihre Position vor allem zur Selbstinszenierung und um die Interessen der USA und der Globalisten zu vertreten. Das gilt insbesondere für den Ukrainekonflikt:

Unsere Waffenlieferungen helfen Menschenleben zu retten. Eine menschenrechtsgeleitete Außenpolitik [sollte sich] fragen, wie wir durch weitere Lieferungen Leben retten.[252]

Annalena Baerbock, 2023

Mit diesem bemerkenswerten Satz rechtfertigte Baerbock Waffenlieferungen an die Ukraine. Bemerkenswert nicht nur deshalb, weil er unlogisch und widersprüchlich ist: Waffen sind ausschließlich dazu da, um Menschen zu töten, nicht um Menschenleben zu retten, und die Ukrainer verteidigen nicht ihr Leben, sondern Teile ihres Territoriums. Wer argumentieren will, warum er Waffen in einen Konflikt liefern möchte, sollte sich einer präzisen Sprache bedienen. Aber mit solchen wolkigen Formulierungen und hohlen Phrasen kaschiert Baerbock nicht nur ihre Inkompetenz, sondern vor allem ihre wahren Absichten und Ziele. Bemerkenswert an dieser Aussage ist vor allem, dass sie von jemandem kommt, der stets für Pazifismus, Frieden und Menschlichkeit eingetreten ist. Im Wahlprogramm der Grünen, mit ihrer Spitzen- und Kanzlerkandidatin Annalena Baerbock, stand noch als Überschrift in fetten Lettern:

Keine deutschen Waffen in Kriegsgebiete und Diktaturen[253]

Grünes Wahlprogramm zur Bundestagswahl 2021

Und es war Baerbock, die den Begriff »feministische Außenpolitik« aus der historischen Mottenkiste holte. Geprägt wurde er beim internationalen Frauenfriedenskongress in Den Haag im Jahr 1915. Unter feministischer Außenpolitik verstand die Frauenbewegung, die damals unter dem Eindruck der Schrecken des Ersten Weltkrieges stand, vor allem Abrüstung und Friedens- statt Kriegspolitik. Davon ist bei Baerbock nichts übriggeblieben. Sie hat sich von einer grünen Friedenstaube zur transatlantischen Kriegstreiberin entwickelt, die den Krieg im Osten Europas mit immer neuen Waffenlieferungen und Finanzspritzen anheizt und verlängert. Wie sehr sich Baerbock und die Grünen gewandelt haben und zu Handlangern globalistischer Interessen haben machen lassen, zeigt sich auch daran, dass sie bis kurz vor dem Ukrainekrieg noch aktiv die Zerstörung der deutschen Rüstungsindustrie angestrebt haben. Der Hebel dafür war das Rüstungsexportkontrollgesetz (REKG), das in seinem damaligen Entwurf deutsche Waffenexporte enorm erschwert beziehungsweise verunmöglicht hätte. Bei ihrem Staatsbesuch in Ägypten wenige Tage vor Ausbruch des Ukrainekonflikts betonte Baerbock, dass Deutschland Waffenexporte künftig »restriktiver handhaben wolle und Menschenrechtskriterien bei den Entscheidungen eine zentrale Rolle spielen würden«.[254]

Natürlich wird sich das auch auf Länder auswirken, die bisher große Empfänger deutscher Rüstungsexporte waren.[255]

Annalena Baerbock, 2022

Schon seit 2011 drängten die Grünen auf eine gesetzliche Regelung, die Rüstungsexporte in Staaten, die nicht zur EU und zur NATO gehören, strenger reglementiert beziehungsweise ganz verbietet. Sie arbeiteten dabei Hand in Hand mit NGOs, insbesondere mit Greenpeace, deren Chefin, Jennifer Morgan, von Annalena Baerbock als

Beauftragte für internationale Klimaaußenpolitik im Auswärtigen Amt installiert wurde.

Mit dem Ausbruch des Ukrainekonflikts war plötzlich alles anders. Was zeigt, wie inkonsistent und wankelmütig grüne Politik ist. Über Nacht beziehungsweise auf Anweisung der Globalisten warf man über Bord, was über Jahre und Jahrzehnte Kern grüner Politik war, wofür man öffentlichkeitswirksam gekämpft hatte, wofür die Ur-Grünen demonstriert hatten:

Wir unterstützen Euch jeden weiteren Tag, auch mit Waffenlieferungen.[256]

Annalena Baerbock, 2024

Baerbock, die sich selbst als Transatlantikerin bezeichnet, widmet diesem Thema in ihrem Buch *Jetzt – Wie wir unser Land erneuern* ein ganzes Kapitel mit dem Titel »Umrisse einer transatlantischen Agenda«. Sie wurde beim Young-Global-Leaders-Programm des Weltwirtschaftsforums von Klaus Schwab auf Linie gebracht. Ihr wichtigstes Anliegen ist deshalb nicht, sich dafür einzusetzen, was ihre Aufgabe als deutsche Außenministerin wäre, nämlich die Interessen Deutschlands zu vertreten, sondern vor allem jene der USA und der Globalisten. Über die transatlantischen Beziehungen schrieb Baerbocks Ministerium im Oktober 2023:

Die transatlantische Zusammenarbeit ist und bleibt gerade in Krisenzeiten entscheidender Faktor für die globale Ordnung und Stabilität. Vor diesem Hintergrund begrüßen wir die enge transatlantische Abstimmung zu verteidigungs- und wirtschaftspolitischen Maßnahmen

angesichts des russischen Angriffskrieges gegen die Ukraine. Weitere Kooperationsfelder umfassen das gemeinsame Engagement für den weltweiten Klimaschutz und eine nachhaltige Energietransformation sowie die multilaterale Zusammenarbeit im Bereich der Pandemiebekämpfung. Zudem wird die Zusammenarbeit in Fragen der globalen Menschenrechtspolitik, der globalen Steuerungerechtigkeit und der Regulierung sowie Standardsetzung für neue Technologien stetig intensiviert.[257]

Auswärtiges Amt, 2023

Ukrainekonflikt, Energiepolitik, Pandemiebekämpfung, globale Steuerpolitik und Menschenrechts-, sprich Migrationspolitik: In allen zentralen Politikfeldern setzt der Vasallenstaat Deutschland die globalistisch-transatlantischen Vorgaben und Ziele um. Deshalb hat sich Baerbock auch massiv gegen die Inbetriebnahme der Gaspipeline Nord Stream 2 eingesetzt:

Und das bedeutet, dass nach jetzigem Stand diese Pipeline so nicht genehmigt werden kann, weil sie eben die Vorgaben des europäischen Energierechts nicht erfüllt und die Sicherheitsfragen ohnehin noch im Raum stehen.[258]

Annalena Baerbock, 2021

Als die für die Energieversorgung und -sicherheit wichtige Pipeline unter nach wie vor ungeklärten Umständen gesprengt wurde, war das also im Sinne Baerbocks. Das erklärt auch, warum das Interesse der Ampelregierung an einer Aufklärung dieses Anschlags auf Deutschland beziehungsweise seine Energieversorgung so gering ist. Im März

2023 sagte Baerbock, als Spuren in die Ukraine wiesen: Man müsse weitere Ermittlungen abwarten, das sei nötig, damit

[…] wir dann von Seite der Regierung aufgrund dieser Erkenntnisse dann auch Beurteilungen treffen können und nicht voreilig aus Berichten heraus Schlüsse für uns ziehen.[259]

Annalena Baerbock, 2023

Anders ausgedrückt: Wir lassen so lange Gras über die Sache wachsen, bis sich niemand mehr dafür interessiert. Baerbock hat die Sanktionen gegen Russland von Anfang an unterstützt. Sie war davon überzeugt, dass sie Russland schweren Schaden zufügen und den Krieg beenden würden – zumindest behauptet sie das offiziell:

Wir treffen das System Putin dort, wo es getroffen werden muss, eben nicht nur wirtschaftlich und finanziell, sondern in seinem Machtkern.[260]

Annalena Baerbock, 2022

Obwohl diese Ankündigung nie mehr als frommes Wunschdenken beziehungsweise eine gezielte Täuschung der Bevölkerung war, betonte sie:

Deutschland ist bereit, dafür einen hohen wirtschaftlichen Preis zu zahlen.[261]

Annalena Baerbock, 2022

Ob das der Souverän des deutschen Staates, die Bürger, das genauso sahen, hat Baerbock nie interessiert. Grüne Politik geht immer und ausschließlich zulasten Deutschlands, sei es Energiewende, Zuwanderung, Mobilitätswende oder der Ukrainekonflikt. Den Preis zahlen immer die Bürger. Auch die Sanktionen gegen Russland haben vor allem Deutschland und Europa geschadet. Selbst Baerbock musste zugeben:

Eigentlich hätten wirtschaftliche Sanktionen wirtschaftliche Auswirkungen. Das ist aber nicht so.[262]

Annalena Baerbock, 2023

Russland haben die Sanktionen nicht nur nicht geschadet, von den Handelsbeschränkungen haben vielmehr China, Indien und auch die USA profitiert. Sie waren ein Schuss ins europäische Knie, das durch die aufgrund der Sanktionen umgeleiteten globalen Handelsströme nach Asien noch schneller ins wirtschaftliche und geopolitische Abseits gerät. Fragt sich, warum Baerbock an den Sanktionen festhält beziehungsweise sie sogar ausweiten möchte, obwohl sie ihre Wirkung nicht nur verfehlt haben, sondern jenen Ländern sogar schaden, die sie verhängt haben. Die Frage lässt sich einfach beantworten: Weil Baerbock nicht die Interessen Deutschlands oder Europas vertritt. Obwohl sich die Russlandsanktionen längst als wirkungslos und kontraproduktiv erwiesen haben, drängt Baerbock im Juni 2024 darauf, sie weiter zu verschärfen:

Für uns als deutsche Bundesregierung ist vollkommen klar: Wir müssen als Europäische Union den Sanktionsdruck gegen Russland weiter aufrechterhalten.[263]

Annalena Baerbock, 2024

Das ist nur für Baerbock, nicht aber für die Bundesregierung klar, denn Bundeskanzler Scholz steht diesbezüglich auf der Bremse. Ob ihr das Ausmaß des Schadens und die Folgen ihrer »wertegeleiteten Außenpolitik«, die vielmehr eine eskalierende und konfrontative ist, bewusst ist oder nicht, kann sie wohl selbst nicht beantworten. Klar ist jedenfalls, dass Baerbock mit ihrer Polterdiplomatie zu einem Sicherheitsrisiko geworden ist, zumal sie achselzuckend auch einen Dritten Weltkrieg in Kauf nimmt oder sogar anstrebt, wenn es im Interesse der USA ist. Das veranlasste Russlands Präsident Putin zu der Bemerkung:

Sie [Baerbock, Anm. d. Autors] verhält sich auch feindselig gegen das eigene Land.[264]

Wladimir Putin, russischer Präsident, 2024

Die Werte, für die Baerbock angeblich gegen Russland und China kämpft, hat sie und ihre Partei längst verraten. Ja, für Demokratie und Freiheit lohnt es, sich zu engagieren. Wären diese Werte Baerbock tatsächlich ein Anliegen, müsste sie zuerst in Deutschland für sie kämpfen, in einem Land, in dem Andersdenkende verfolgt und kriminalisiert, oppositionelle Medien von der Innenministerin einfach verboten werden, in dem die einzige echte Oppositionspartei, der ebenfalls ein Verbot droht, von Staatsschützern beobachtet wird, in dem Regierungskritiker wie Nazis, sprich Verbrecher behandelt werden, in dem während der Coronapandemie die Bürger- und Freiheitsrechte massiv eingeschränkt wurden und alle zentralen Entscheidungen an den demokratischen Strukturen und Prozessen vorbei getroffen werden. Für aufrechte Demokraten gibt es in Deutschland mehr als genug Baustellen. Was auch immer das Ziel der Baerbock'schen Außenpolitik ist, die Verteidigung westlicher Werte wie Demokratie, Menschenrechte und Freiheit ist es nicht.

Der Ukrainekrieg dient Baerbock und der Ampel vielmehr, so wie die Coronapandemie, der Klimawandel und die Gefahr von rechts, Angst zu verbreiten und mit diesen Drohkulissen den linken Umbau der Gesellschaft und des Landes unter Umgehung demokratischer Entscheidungsprozesse voranzutreiben. Egal ob Russen, Viren, Rechtsextreme oder CO_2, immer geht es darum, Panik und Angst zu verbreiten und sich selbst als Retter und Beschützer zu inszenieren.

Wenn wir die Ukraine nicht weiter unterstützen, dann gehen wir das Risiko ein, dass Putins Truppen an der Grenze zu Polen stehen. Da ist der Krieg schnell auf dem Gebiet von EU und NATO.[265]

Annalena Baerbock, 2024

Ohne die alternativlose links-grüne Transformationspolitik stirbt die Erde den Hitzetod, gibt es Millionen Coronatote, macht Putin Deutschland platt oder errichten Rechte das Vierte Reich. Es ist immer das gleiche Spiel, mit dem die Linke die Bürger erpresst und mundtot macht. Jeder, der den exklusiven Wahrheitsanspruch der Grünen infrage stellt, wird selbst zur Gefahr, wird zum Coronaleugner, rechten Staatsfeind, Putin-Versteher oder Klimaleugner. Weil die Grünen weniger beim Umweltschutz als beim Machterhalt auf Nachhaltigkeit bedacht sind, hat Baerbock in den vergangenen knapp 3 Jahren das Auswärtige Amt mit ihren Leuten durchsetzt.

Baerbocks Diplomaten sollen jetzt undiplomatisch auftreten[266]

spiegel.de, 2023

Baerbock ist so von ihrem außenpolitischen Irrweg überzeugt, dass möglichst viele Baerbock-Klone die erfahrenen Diplomaten in den Botschaften in aller Welt ersetzen sollen. Weshalb sie die feministische Außenpolitik ausgerufen hat. Statt gut ausgebildeter Diplomaten sollen künftig links-grüne Frauen die Interessen Baerbocks und nicht Deutschlands in aller Welt vertreten. Zu diesem Zweck hat die grüne Außenministerin die Anforderungen für Diplomaten drastisch gesenkt und den Allgemeinwissenstest sowie einen Psychotest als Eingangsprüfung streichen lassen.

Gesinnung wichtiger als Kompetenz? –
Baerbocks grüne Posten-Trickserei[267]

Bild, 2022

Und das Nachrichtenportal Apollo News schreibt: »Mit vielen, nach feministischen Leitlinien beförderten Frauen scheint es Probleme zu geben.«[268] Das Vorhaben, dem Auswärtigen Amt ein »weiblicheres Gesicht« zu geben, wie es Baerbock bei ihrem Amtsantritt verkündet hat, ist auf ganzer Linie gescheitert. Die links-grünen Gesinnungsgenossinnen, die von Baerbock aufgrund ihres Geschlechts und ihrer politischen Haltung in Führungspositionen gehievt wurden, sind völlig überfordert, wie das Ergebnisse des jährlichen »Vorgesetztenfeedbacks« des Auswärtigen Amtes belegt:

»Feministische Außenpolitik«:
Neue weibliche Baerbock-Führungskräfte
schneiden desaströs ab[269]

Apollo News, 2024

So fasst die Nachrichtenseite *Apollo News* das Ergebnis dieser internen Bewertung für das Jahr 2023 zusammen. Verwunderlich ist dieses Ergebnis nicht, zumal die Chefin des Auswärtigen Amtes, Annalena Baerbock, ebenfalls bei jeder objektiven Bewertung ihrer Leistungen und Erfolge durchfallen würde.

Die Baerbockmacher: Ihre Freunde und Helfer

Der 19. April 2021 war ein Jubeltag für die deutschen Mainstream-Medien. An diesem Tag verkündeten die grünen Parteichefs Annalena Baerbock und Robert Habeck der Presse, dass Baerbock vom grünen Bundesvorstand zur offiziellen Kanzlerkandidatin für die Bundestagswahl vorgeschlagen wurde. So etwas hat es bei den Grünen noch nie gegeben. Erstmals wurde jemand als PR-Gag für diese Rolle nominiert. Die Grünen steckten ihre Ziele hoch, stellten, beflügelt von guten Umfrageergebnissen, den Anspruch auf das Kanzleramt. Und Annalena Baerbock schien ihnen dafür die am besten geeignete Person zu sein. Die Haltungsjournalisten waren begeistert, die Aussicht auf eine grüne Bundeskanzlerin versetzte sie in Hochstimmung. Schon bald könnte jemand das Land führen, der noch linker als Angela Merkel ist und Deutschland in ein sozialistisches Multikulti-Öko-Gerechtigkeitsparadies verwandeln würde.

Damit ihr Traum wahr werden konnte, entfachte die Mainstream-Presse ein wahres Propagandafeuerwerk. Die Schönheitsfehler ihrer politischen Heilsbringerin übergingen sie dabei großzügig, etwa dass die 40-Jährige weder eine Berufsausbildung noch jemals ein öffentliches Amt bekleidet hatte, dass sie Probleme mit der deutschen Sprache hat, ihre Bildungs- und Wissenslücken stets präsent sind und sie trotzdem unangenehm selbstherrlich auftritt. All das spielte keine Rolle. Die Mainstream-Presse wollte Baerbock als Kanzlerin sehen, jetzt gab es nur noch einen Unsicherheitsfaktor: den Wähler. Weshalb der *Tagesspiegel* ängstlich fragte:

Und wenn Deutschland noch nicht reif ist für Annalena Baerbock?[270]

Tagesspiegel, 2021

Spiegel und *Stern* mutierten zu Annalena Baerbock Fan-Postillen. Nur das Poster von Annalena zum Herausnehmen im Innenteil fehlte. Die Titelblätter waren aber ein guter Ersatz:

Der reichweitetechnisch sinkende *Stern* feierte Baerbock als Erlöserin Deutschlands, eine Einschätzung, der auch Baerbock nicht widersprochen hätte. Die linken Medien vergaßen in ihrer Euphorie auf die Äquidistanz zu den Grünen und entsorgten die letzten verbliebenen Reste ihres journalistischen Anstands. Sie schrieben Jubelmeldungen in feinster Nordkorea-Prosa. Es war gar von einem »historischen Moment« die Rede:

Baerbock ist damit nicht nur einen Schritt vor Robert Habeck getreten, sondern spielt auch historisch eine besondere Rolle: Sie ist die erste Kanzlerkandidatin in der grünen Parteigeschichte und zudem mit 40 Jahren die jüngste Person, die sich bisher um das höchste deutsche Regierungsamt bewirbt.[271]

spiegel.de, 2021

Die linke *taz* sah die Grünen unter der Führung von Baerbock gar als neue Volkspartei:

Grüne Kanzlerkandidatin Baerbock: Partei der neuen Mitte[272]

taz, 2021

Die ARD-*Tagesschau* schwärmte an diesem »historischen Tag« vom neuen Traumpaar der linken Journalisten:

Die neue Parteispitze Baerbock Habeck, zwei unterschiedliche Charaktere, er, der philosophische Stratege, sie, die alltagsnahe Praktikerin.[273]

ARD-*Tagesschau*, 2021

Das hätte die Illustrierte *Frau mit Herz* nicht besser formulieren können. Und die Phrasendreschmaschine Baerbock lieferte, was die linken Medienmenschen für ihr gefühliges Propagandamärchen brauchten:

Jetzt ist es an der Zeit, dass die Politik über sich herauswächst, dass wir Zukunft gestalten, das ist mein Angebot.[274]

ARD-*Tagesschau*, 2021

Solche Phrasen und beliebig aneinandergereihte linke Satzbausteine reichten den Öffentlich-Rechtlichen sowie den gesamten Mainstream-Medien für ihre Lobeshymnen auf eine der ihren. Baerbock ist für die linke Medienklasse mit ihrem Lebenslauf, ihrer Sozialisation, mit ihrer zur Schau gestellten und geheuchelten grünen Moral eine ideale Identifikationsfigur. Der NDR-Journalist Frank Jahn konnte in seinem »erfrischenden« Kommentar in der *Tagesschau* kaum noch an sich halten:

So geht eine Kür. Die Grünen haben Annalena Baerbock beinahe geräuschlos zu ihrer Kanzlerkandidatin gemacht. Ich finde das erfrischend. [...] Baerbock hat sich mit Robert Habeck ohne öffentlichen Schlagabtausch geeinigt, schon damit hat sie Führungsqualitäten bewiesen. Erfrischend ist auch, dass die Grünen mit einer Kanzlerkandidatin antreten. [...] aber nicht nur deshalb ist Baerbock die klügere Wahl für die Partei, sie ist inhaltlich sattelfest und rhetorisch oft gewinnend. [...][275]

ARD-*Tagesschau*, 2021

Ja, der brave ARD-Mann spricht tatsächlich von Annalena Baerbock. Geht es noch schmalziger und unterwürfiger? Selbstverständlich.

Harmonie statt Flügelkämpfe und Pragmatismus statt Idealismus.[276]

Shakuntala Banerjee, ZDF-Moderatorin, 2020

So leitete die ZDF-Moderatorin Banerjee das Sommerinterview im Jahr 2020 mit Annalena Baerbock ein. Die gute Frau hätte auch bei KCTV, dem nordkoreanischen Zentralfernsehen, Karriere machen können. Aber nicht nur die deutschen Staatsmedien verbreiten grüne Kitschprosa und feministische Heldinnensagen, auch ehemalige bürgerliche Qualitätsblätter wie die *FAZ* erliegen dem infantilen Charme der Baerbock:

Für ihre Sachkompetenz wird sie stets gelobt.[277]

Frankfurter Allgemeine Zeitung, 2021

Angesichts solch medialer Lobeshymnen ätzte Sahra Wagenknecht:

Nur auf den Heiligenschein [...] hat man bei Sankta Annalena lieber verzichtet, [...][278]

Sahra Wagenknecht, damals Die Linke, jetzt BSW, 2021

Selbst als der grüne Mediendarling von alternativen Medien als Lebenslauf-Schummlerin und Fake-Völkerrechtlerin enttarnt wurde, hielten ihr die Minnesänger des Medienmainstreams die Stange. Die ARD-Faktenfinder bezeichneten die Säuberungsaktionen in Baerbocks Lebenslauf, nachdem sie als Hochstaplerin aufgeflogen war, als:

Korrekturen an Details in dem Online-Lebenslauf[279]

ARD-Faktenfinder, 2021

Der öffentlich-rechtliche Deutschlandfunk eilte Baerbock zu Hilfe, indem er die Deutschen zu unfreiwilligen Komplizen von ihr machte. Er behauptete, dass ohnehin jeder beim Lebenslauf lüge:

[...] wahrscheinlich wird nirgendwo so gern getrickst und geschönt. Was sagt dieses Dokument also wirklich aus?[280]

Deutschlandfunk, 2021

Das ist erstens eine Unterstellung und zweitens, selbst wenn es wahr wäre, sollten für Personen, die Regierungsämter anstreben, deutlich höhere Maßstäbe als für die Supermarktkassiererin oder den Müllentsorger gelten. Statt seine problematische Kanzlerkandidatin zu kritisieren, stellte man lieber die Sinnhaftigkeit von Lebensläufen ganz allgemein infrage. Der *Kölner Stadt-Anzeiger* legte bei seinem Baerbock-Verteidigungsartikel wiederum so viel Wert auf Faktentreue, wie Baerbock bei ihrem Lebenslauf:

Baerbock präzisiert Angaben in ihrem Lebenslauf[281]

Kölner Stadt-Anzeiger, 2021

Man bagatellisierte Baerbocks Falschangaben, mit denen sie ihren Bildungsweg aufgemotzt hatte, als »Patzer«[282] und Versehen:

Denn ihre Fehler sind Lappalien.[283]

taz, 2021

Dass dahinter System und auch ein gewisses Maß an krimineller Energie stecken muss, liegt zwar auf der Hand, wurde aber von den Mainstream-Journalisten, die sich damit als inoffizielle grüne Pressemitarbeiter deklarierten, großzügig übergangen. Man machte für die Kanzlerkandidatin der linken Herzen alles, nichts wünschte sich der Medienmainstream mehr, als dass Baerbock Angela »Mutti« Merkel beerben und Deutschland noch weiter nach links führen werde. Was im Übrigen auch im Sinne von Merkel selbst war, die zu diesem Zweck ihrer eigenen Partei im Wahlkampf schadete.

Die Union war nie Merkels Zuhause [...]. Die CDU war für die »Physikerin der Macht« stets ein notwendiges und unverzichtbares Instrument, um Politik machen zu können.[284]

Hugo Müller-Vogg, Journalist, 2021

So beschreibt der renommierte Journalist Hugo Müller-Vogg das Verhältnis Merkels zur Union. Nach ihrem Rückzug konnte sie das unbrauchbar gewordene Instrument entsorgen, was sie auch umgehend tat. Bei ihrem letzten Auftritt bei der Bundespressekonferenz beantwortete sie die Frage, wo sie den Wahlabend verbringen werde, so:

Ich werd' schon Verbindung zu der Partei haben, die – ähm – mir nahe ..., deren Mitglied ich bin.[285]

Angela Merkel, ehemalige Bundeskanzlerin, 2021

Merkel hatte sich schon länger von der Union verabschiedet und den Grünen zugewandt, die ihr ideologisch stets näherstanden und von denen sie hoffte, dass sie ihre Politik – Energiewende und Willkommenskultur waren schließlich Merkels Erfindungen – als Wahlsieger weiterführen und intensivieren würden.

Die ehemalige CDU-Abgeordnete, DDR-Bürgerrechtlerin und Merkel-Kennerin Vera Lengsfeld vermutete,

dass Merkel keinen Sieg der Union bei der nächsten Wahl will. Nur so kann sie der kritischen Revision ihrer Kanzlerschaft entgehen.[286]

Vera Lengsfeld, ehemalige DDR-Bürgerrechtlerin, 2021

Angesichts derartiger Schützenhilfe und des von den Medien entfachten Hypes um Baerbock schossen die Grünen in den Umfragen nach oben, lagen zeitweilig mit rund 25 Prozent vor der Union an erster Stelle. Doch es kam anders:

Auf einen Sieg kann Baerbock nach den derzeitigen Umfragewerten kaum noch hoffen. Grün-Rot-Rot ist weit von einer Mehrheit entfernt. Jetzt muss es ihr wenigstens gelingen, den Rückstand zur Union wieder so zu verringern […].[287]

MDR, 2021

Selbst die größten Anstrengungen der Mainstream-Medien halfen nichts, Baerbock wurde aufgrund ihrer zu vielen offenkundigen Defizite und zu vieler grober Fehler,[288] die selbst die talentiertesten

Journalisten und Spindoktoren nicht gänzlich wegframen und umdeuten konnten, weder Kanzlerin noch Vizekanzlerin. Die Grünen blieben deutlich unter ihren Erwartungen. Sie erreichten zwar mit 14,8 Prozent ihr bisher bestes Ergebnis, doch es lag deutlich unter dem, was sich die Partei und die Mainstream-Medien erhofft hatten. Der Traum vom Kanzleramt war geplatzt:

Das haben wir nicht erreicht – auch aufgrund eigener Fehler zu Beginn des Wahlkampfs.[289]

Annalena Baerbock, 2021

Dank des Steigbügelhalters FDP schafften es SPD und Grüne trotzdem eine knalllinke Regierung mit einem pseudoliberalen Wurmfortsatz zu bilden. Robert Habeck wurde Vizekanzler und Annalena Baerbock, die man für den verfehlten Wahlsieg verantwortlich machte, »nur« Außenministerin. Aber auch in dieser Funktion stellte sie ihre Helfershelfer in den Redaktionen der Mainstream-Medien mit ihren Fehltritten, sprachlichen Fehlleistungen und ihrer »Polterdiplomatie«, wie der *Focus* sie nennt, vor beinahe unlösbare Aufgaben.

Doch sie bemühten sich redlich, leisteten ganze Arbeit. Es gelang ARD, *Spiegel*, *Süddeutscher Zeitung*, *Stern* und Co. tatsächlich ein Image für die Neoaußenministerin Baerbock zu schaffen, ein Bild in der Öffentlichkeit von ihr zu zeichnen, das sich um 360 Grad – Ironie off – von dem unterscheidet, was das Ausland, das sie dank ihrer neuen Position beglücken darf, über sie denkt. Der Mainstream feierte Baerbock tatsächlich als Politstar, der von den Großen und Mächtigen dieser Welt geachtet und respektiert wird, auf den man hört, dessen Ratschläge man ernst nimmt. Egal, wie peinlich ihre Auftritte zwischen Fidschi und Washington auch immer sein mögen, egal in welches Fettnäpfchen sie tritt, die Mainstream-Presse hält zu ihr, schreibt jede neue Peinlichkeit in einen außenpolitischen Erfolg um. Man errichtete von Beginn an einen medialen Schutzwall um Baerbock, der alles abblockt.

Eine Firewall um sie zu machen,
weil sie eine Frau ist,
widerspricht der Gleichberechtigung.[290]

Richard David Precht, Philosoph, 2023

Dass perfektes Englisch Grundvoraussetzung für einen westlichen Außenminister ist, war bis zu Baerbocks Amtsantritt eine Selbstverständlichkeit. Wie Sie ja schon wissen, spricht Baerbock – obwohl sie in England studiert haben will – ein miserables und für eine Außenministerin indiskutables bis peinliches Englisch. Bei jedem Außenminister einer nicht linken Partei würden solche Sprachkenntnisse zu massiver Kritik, Häme und Rücktrittsforderungen führen. Baerbocks rumpelndes Denglisch kommt bei den deutschen Journalisten hingegen hervorragend an:

Außenministerin Annalena Baerbock macht es vor:
Ein deutscher Akzent ist kein Problem.[291]

Peter Littger, *WirtschaftsWoche*, 2022

Wobei ihr Akzent Baerbocks geringstes Problem ist. Auch der *Tagesspiegel* rückte zur Ehrenrettung Baerbocks aus, nachdem sie sich mit ihrem Englisch einmal mehr blamiert hatte:

Viele Deutsche können noch immer keine türkischen Namen aussprechen, spotten aber über den Akzent unserer neuen Außenministerin.[292]

Hatice Akyün, *Tagesspiegel*, 2021

Zum einen ist Türkisch keine Weltsprache, auch wenn das Premier Erdoğan, der *Tagesspiegel* und die Grauen Wölfe anders sehen mögen. Zum anderen sollten nicht die Deutschen Türkisch, sondern die Deutschtürken Deutsch beherrschen. Zudem hat das eine mit dem anderen nichts zu tun. Kein Vergleich und keine Rechtfertigung ist zu absurd, um Baerbocks peinliche Defizite zu relativieren, so, als würde man behaupten, Schlagkraft wäre für einen Boxer gar nicht so wichtig, Höhenangst sei für einen Bergsteiger eh kein Problem etc. Wer »Waffenstillstand *falls not from the sky*«[293] sagt, sorgt an jedem deutschen Stammtisch für Gelächter, wer das auf internationaler Bühne von sich gibt, blamiert nicht nur sich, sondern auch das Land, das er vertritt, bis auf die Knochen.

Wer Baerbock kritisiert, der greift auch die Mainstream-Medien an. Schließlich kämpfen Grüne und Haltungsjournalisten gemeinsam für dieselbe Sache. Die Grenze zwischen linken Politikern und Journalisten ist in Deutschland längst fließend. Als Blogger und ein Plagiatsjäger während des Wahlkampfes 2021 aufdeckten, dass Baerbock ihr Buch *Jetzt – Wie wir unser Land erneuern* nicht selbst, sondern Großteils abgeschrieben hatte, ohne entsprechend darauf hinzuweisen, feuerte die linke Haltungspresse aus ihrer medialen Wagenburg auf die »rechten Hetzer«, die sich erdreistet hatten, Fakten und keine Propaganda über die Kanzlerkandidatin zu verbreiten. Wäre Baerbock CDU- oder gar AfD-Kandidatin, dieselben Leute hätten sie in der Luft zerrissen und lautstark ihren Rücktritt gefordert. Der öffentlich-rechtliche Rundfunk nutzt diesen Plagiatskandal sogar, um kostenlose Wahlwerbung für Baerbock zu machen. Der WDR sprach von einer gezielten Kampagne finsterer »CDU-Influencer« und der »Springer-Presse«, die das Ziel habe, »dass was hängen bleibt«.[294] Diese öffentlich-rechtliche Verschwörungstheorie verband der WDR mit dem Wahlaufruf: »Ob das funktioniert, das haben eigentlich Sie in der Hand, die Wählerinnen und Wähler.«[295]

Die Aufgabe der Medien, insbesondere der öffentlich-rechtlichen, die sogar per Gesetz zu Objektivität und Unabhängigkeit verpflichtet sind, ist es, als sogenannte Vierte Gewalt im Staat, die Mächtigen zu kontrollieren und zu kritisieren. Das neue Selbstverständnis der linken Journalisten ist ein völlig anderes, sie sehen sich nicht mehr als Berichterstatter und Kritiker der politischen Herrscherklasse, sondern als politische Akteure, deren Aufgabe es ist, die globalistische Agenda – Klimaschutz, Massenzuwanderung, Genderismus, Aushöhlung der nationalen Souveränität – gemeinsam mit dem offiziellen politischen Personal voranzutreiben und dieses vor Kritik zu schützen.

Die Medien haben ihr Geschäftsmodell und ihre Zielgruppe gewechselt. Sie schreiben und senden nicht mehr für die Bevölkerung, die Bürger, sondern für den politmedialen Komplex, sie fühlen sich als politische Player, sind aber doch nur die medialen Hilfskräfte der globalistischen Elite. Die linke Herrschaftsklasse, insbesondere die Grünen, haben sich eine mediale Komfortzone geschaffen, in der sie vor Kritik, kritischen Journalisten, echten Experten und investigativen Recherchen geschützt sind.

Ihre Skandale, Fehltritte, wahren Absichten und Ziele werden von den Mainstream-Medien ignoriert beziehungsweise verschleiert. In Interviews und Talkshows werden linke Politiker so gut wie nie mit politischen Gegnern und Kritikern konfrontiert, weil die Mainstream-Medien als Gatekeeper den öffentlichen Diskurs bestimmen, indem sie unter anderem AfD-Politiker, Kritiker der Coronamaßnahmen, kritische Klimaexperten und andere Dissidenten davon ausschließen. Persönlichkeiten wie Baerbock können nur in solcherart geschützten Räumen, in linken Safe Spaces Karriere machen. In einem fairen Wettkampf der Argumente, Konzepte und Ideen würden sie untergehen.

In diesem politmedialen Elfenbeinturm werden keine unterschiedlichen Meinungen, Strategien und Lösungsansätze diskutiert und gegeneinander abgewogen. Hier sind sich in den zentralen Fragen alle einig, die Blockparteien sowie deren Kostgänger aus Kultur, Medien, Wissenschaft und Zivilgesellschaft. In dieser politmedialen, von den Bürgern und der Realität abgekoppelten Parallelwelt, sind linke Dogmen »alternativlos«. Und »alternativlos« ist nichts anderes als ein Euphemismus für totalitär. Deshalb finden in den Medien nur Scheindebatten statt, weil andere Meinungen, die man als rechts, gefährlich, phobisch (sprich geistesgestört) diffamiert, nicht zugelassen sind. In den deutschen Mainstream-Medien wird nur noch darüber diskutiert, wie radikal und schnell man die Energiewende, Massenzuwanderung, kindliche Frühsexualisierung, die Enteignung der Reichen oder das Bargeldverbot vorantreiben soll. Fundamentale Kritik an diesen alternativlosen globalistischen Projekten wird von den Blockparteien und den Medien als direkter Angriff auf die Demokratie, die Gesellschaft, die Volksgesundheit etc. gewertet und entsprechend behandelt.

Das birgt allerdings eine Gefahr für linke Politiker wie Baerbock. Sie werden, wie die Karpfen in einem Teich ohne Hecht, fett und träge. Sprich sie entfernen sich immer weiter von der Realität, ihre Konzepte, Strategien und politischen Zielsetzungen werden keiner kritischen Überprüfung und Diskussion mehr unterzogen und werden deshalb immer wahnwitziger.

Das Ergebnis kann man in Deutschland in Echtzeit bestaunen, da dieses gerade an völlig irren Konzepten wie der Energiewende und der Willkommenskultur, die nur in von der Realität abgekapselten, ideologischen Schutzbunkern entstehen können, zugrunde geht. Dass Personen wir Annalena Baerbock, Robert Habeck und Ricarda Lang in wichtige und verantwortungsvolle Positionen gelangen konnten, ist nur unter solchen Rahmenbedingungen möglich. In Systemen, wie etwa der Marktwirtschaft, wo es tatsächlich auf Fleiß, Kompetenz, Leistung, Intelligenz und messbare Ergebnisse (Umsatz, Gewinn, Verkaufszahlen etc.) ankommt, hätten sie keine Chance. Das ist auch der Grund, warum Linke den freien Wettbewerb und den freien Markt so sehr hassen und bekämpfen. »Gerechtigkeit« ist nicht ihr Antrieb, sondern Eigennutz.

Politiker wie Baerbock bewegen sich nie in der freien Wildbahn, sondern ausschließlich in geschützten Bereichen, in denen Journalisten entgegen ihren eigentlichen Aufgaben keine Kritiker, sondern vielmehr eine journalistische Leibgarde der Linken sind, die mit den Techniken von Propaganda, Desinformation, Framing und Subversion die Bürger nach dem Willen der politischen Elite, der sie sich zugehörig fühlen, steuern und manipulieren. Beispielhaft dafür ist eine »Analyse«, die auf der Webseite der ARD-*Tagesschau* unter dem Titel: »Wie die Grünen zum Feindbild wurden.«[296]

In diesem Text werden die Grünen als unschuldige Opfer von Hass und Hetze dargestellt. Man verschweigt dabei, dass die Angriffe und Attacken gegen Personen und Einrichtungen der Grünen gar nicht vom politischen Gegner, sondern fast ausschließlich aus den eigenen Reihen kommen. Fast »90 Prozent der Attacken gegen grüne Einrichtungen, die sich politisch zuordnen lassen, kommen von links«, schreibt der renommierte Medienanwalt Joachim Steinhöfel in *Tichys Einblick*. Die ARD behauptet: »Neben der AfD schießt sich vor allem die Union auf die Partei ein.«[297]

Der Grund dafür sei: »Erfolg in der Mitte macht sie zum gefragten Gegner.« Und weiter: »[…] die Grünen besetzen erfolgreich die politische Mitte – und werden damit zum strategischen Ziel.«[298] Die Grünen, die den unternehmerischen Mittelstand zerstören, die mit ihren planwirtschaftlichen Konzepten ein ganzes Land in Rekordtempo gegen die Wand fahren, als erfolgreiche Partei der Mitte darzustellen, die für ihren pragmatischen und bürgerlichen Kurs von den Konservativen und Rechten gehasst wird, ist fern jeder Realität, absoluter Bullshit, der nur dazu dient, eine radikale linke Partei den Bürgern als gemäßigte und damit wählbare Kraft zu präsentieren.

Man framt, verzerrt, stellt Halbwahrheiten auf, lügt und stellt sich naiv: »Da spielt es auch keine Rolle, dass niemand ein Fleischverbot fordert«, behauptet die ARD. Selbstverständlich stellt sich niemand von den Grünen vor eine Kamera und verkündet, dass im kommenden Jahr Bratwurst, Frikadellen und Steaks verboten sind. Grüne bereiten ihre Verbote, Einschränkungen der Bürgerrechte und Eingriffe in die Freiheiten der Menschen stets lange vor und entwickeln ausgefeilte Kommunikationsstrategien. Zu beobachten ist das derzeit etwa beim angestrebten Bargeldverbot, von dem Medien wie die ARD ebenfalls behaupten, dass kein Politiker es umsetzen wolle und es auch nicht kommen werde. Doch die rechte Verschwörungstheorie von heute ist in der Regel die Realität von morgen. Selbstverständlich ist ein Fleischverbot beziehungsweise die Reduktion tierischer Nahrungsmittel auf ein Minimum im Rahmen der Ernährungswende und des Green Deals ein Ziel der Grünen, das kann jeder in Dutzenden Studien, Konzepten etc. nachlesen. Und Baerbock sagt es – auch wenn es die ARD ignoriert –ganz offen:

Wir sollten die Tierbestände sehr deutlich reduzieren und damit auch die Fleischproduktion.[299]

Annalena Baerbock, 2020

Wer die Viehwirtschaft mit immer neuen Auflagen und Sondersteuern unrentabel oder Fleisch und andere tierische Produkte zu einem Nischenprodukt für Reiche macht, der führt de facto ein Fleischverbot ein.[300] Das weiß natürlich auch die ARD. Da die staatliche Rundfunkanstalt aber kein Informationsmedium, sondern nur der mediale Arm der Linken ist, ist ihre »Berichterstattung« längst zu einem unverzichtbaren Teil der Kommunikationsstrategie der Grünen geworden. Man belügt die Menschen hinsichtlich der wahren Absichten so lange, bis man mit seiner Salamitaktik Fakten geschaffen hat. Der ehemalige EU-Kommissionspräsident Jean-Claude Juncker hat diese gemeinsame Strategie von Politik und Medien so beschrieben:

Wir beschließen etwas, stellen das dann in den Raum und warten einige Zeit ab, was passiert. Wenn es dann kein großes Geschrei gibt und keine Aufstände, weil die meisten gar nicht begreifen, was da beschlossen wurde, dann machen wir weiter – Schritt für Schritt, bis es kein Zurück mehr gibt.[301]

Jean-Claude Juncker, ehemaliger EU-Kommissionspräsident, 1999

Der Part der Medien bei diesem Vorgehen ist, konkrete politische Maßnahmen, die gegen die Interessen der Bürger gerichtet sind, zu verschweigen, zu verharmlosen oder den Medienkonsumenten als alternativlos oder Vorteil zu verkaufen.

Dank der Schützenhilfe beziehungsweise Komplizenschaft der Medien und anderer relevanter gesellschaftlicher Kräfte wie NGOs, Kulturschaffenden, Kirchen etc. sind die Grünen trotz ihrer durchgehend schwachen Wahlergebnisse zur einflussreichsten und de facto mächtigsten Partei aufgestiegen. Wie keine andere Kraft prägen sie die Politik im Land und geben die Richtung vor, in die sich Staat und Gesellschaft entwickeln. Vom Wähler haben sie dazu nie den Auftrag bekommen. Doch die gleichgeschalteten Mainstream-Medien fungieren für die Grünen als Verstärker, der ihre geringe Bedeutung in der Bevölkerung vervielfacht.

Sie regieren besser. Sie kommunizieren besser.
Sie haben die richtigen Ziele für diese unruhige Zeit.
In Wahrheit leben wir längst in einer grünen Republik.[302]

Ulrich Reitz, Journalist beim *Focus*, 2022

Das schreibt der linke Journalist Ulrich Reitz. Dass die Grünen die bessere Partei für das Land seien, ist eine Propagandalüge mit der ganz Deutschland seit vielen Jahren beschallt wird. Doch diese Lüge funktioniert nur so lange, bis die medial vermittelte Realität nicht zu sehr von den Alltagserfahrungen der Bürger abweicht.

Wenn die Schere zu weit aufgeht, verlieren die Bürger das Vertrauen in Politik, Medien, den Staat und seine Institutionen, und das Machtgefüge bricht zusammen. Das droht dem politmedialen Establishment vor allem aufgrund der Folgen der Massenzuwanderung. Die mediale Propaganda, dass Zuwanderung aus dem islamischen Raum wichtig und alternativlos für das Land, seine Wirtschaft und das Rentensystem sei sowie die Gesellschaft bunter, friedlicher und erfolgreicher mache, kippt angesichts der blutigen Multikulturalität, der sich kaum noch jemand entziehen kann, ins Absurde. Die vom Staat und seinen Mainstream-Medien verbreitete Propagandalüge wird aufgrund ihrer Alltagserfahrungen für immer mehr Bürger sichtbar. Trotzdem macht das politmediale Establishment weiter, weil sich die verantwortlichen Politiker und ihre Helfershelfer in den Medien schon zu weit aus dem Fenster gelehnt haben. Ein Zurück gibt es für sie nicht mehr.

Nach 3 Jahren grüner Regierungsbeteiligung gelingt es dem medialen Mainstream trotz aller Jubelmeldungen kaum noch, Stimmung für die Grünen zu machen. Man verspielt dabei seine Glaubwürdigkeit und die politmediale Symbiose zum Zwecke der Bürgertäuschung scheitert zunehmend an der Realität. Die Journalisten müssen immer häufiger an ihre ethischen Grenzen gehen und diese überschreiten.

Scham, Rückgrat und Aufrichtigkeit kann sich ein moderner Mainstream-Journalist nicht mehr leisten. Als Baerbock bei einer Konferenz in Prag ihre demokratische Maske fallen gelassen und sich als autoritäre Führerin geoutet hat, wurde sie dafür weder von den Regierungskollegen noch von den Mainstream-Medien und den NGOs kritisiert, sondern sogar in Schutz genommen. Wörtlich sagte Baerbock:

Wenn ich den Menschen in der Ukraine das Versprechen gegeben habe, »Wir stehen an eurer Seite – so lange, wie ihr uns braucht«, dann will ich das auch einhalten – egal, was meine deutschen Wähler denken.[303]

Annalena Baerbock, 2022

Das politmediale Establishment ging nach Baerbocks ungeheuerlicher Aussage zum Gegenangriff über und warf allen, die dieses demokratieverachtende Statement kritisiert hatten, vor, sie wären Putin-Freunde oder gar russische Kollaborateure. Das Auswärtige Amt versuchte Baerbocks mangelndes Demokratie- und autoritäres Politikverständnis Wladimir Putin anzulasten und teilte auf X einen Tweet ihres Beauftragten für strategische Kommunikation:

Der Klassiker: Sinnentstellend zusammengeschnittenes Video, geboostert von prorussischen Accounts und schon ist das Cyber-Instant-Gericht fertig, Desinformation von der Stange. Ob wir uns so billig spalten lassen? Glaube ich nicht.[304]

Peter Ptassek, Beauftragter für strategische Kommunikation des Auswärtigen Amtes, 2022

Wie in solchen Fällen üblich, rückten auch die sogenannten Faktenchecker aus, deren Aufgabe bekanntlich nicht darin besteht, »Fakten« zu checken, sondern linke Narrative zu stützen. So schrieb der »Faktenfuchs« des Bayerischen Rundfunks: »#Faktenfuchs: Baerbock-Zitat verfälscht und instrumentalisiert – Im Netz kursiert die Behauptung, Bundesaußenministerin Baerbock habe gesagt, ihr sei egal, was die Wähler denken. Das Zitat, das auch Medien zunächst falsch abbildeten, ist verkürzt und wird häufig ohne Kontext geteilt.«[305]

Weil das Zitat korrekt wiedergegeben wurde und Baerbock es genau so gesagt und gemeint hat, behauptet der schlaue Faktenfuchs, es sei aus dem Kontext gerissen worden. Das ist ein unglaublich dummer Vorwurf, zumal jedes Zitat aus dem Kontext gerissen wird, das ist schließlich das Wesen eines Zitats. Ein solches ist immer der Ausschnitt eines Textes, einer Rede, einer Studie etc. Deshalb ist jedes Zitat zwangsläufig aus dem Kontext gerissen. Je größer und problematischer der Fehltritt, desto aggressiver müssen jene attackiert werden, die die Öffentlichkeit darauf aufmerksam machen könnten:

Die (Desinformations-)Kampagne von extremen Rechten und Linken gegen Annalena Baerbock ist unterirdisch.[306]

Vize-CDU-Chefin Karin Prien, 2022

Man gackert aufgeregt: Haltet den Dieb, um davon abzulenken, dass Baerbock ein Problem mit der Demokratie und den Wählern hat und eine krasse Fehlbesetzung als Außenministerin ist. Dass man Putin und die extreme Rechte für die Entgleisungen und demokratischen Defizite Baerbocks verantwortlich zu machen versucht, ist zwar skurril, man kommt damit dennoch immer wieder durch. Auch deshalb, weil dieser linke Schutzwall nicht nur von den Medien errichtet worden ist. Auch die sozialen Medien zensieren und löschen im Auftrag des links-grünen Establishments. Wer sich etwa auf YouTube Baerbocks Ausführungen in Prag ansehen möchte, wird in roter Alarmschrift gewarnt, dass diese Aussage aus dem Kontext gerissen worden sei, obwohl Baerbock darauf mehrere Minuten lang ungeschnitten zu hören ist. Auch die ebenso anonymen wie linken Wikipediaautoren, die Chronisten des digitalen Zeitalters, beschreiben das politische Geschehen und die politischen Entwicklungen stets aus links-grüner Perspektive. Auch die Kirchen sind längst zu grünen Anbetungsvereinen verkommen und die Kabarettisten und TV-Promis hetzen exklusiv gegen die einzige Partei, die keine grüne Politik betreibt, die AfD.

Warum aber ist der Annalena-Baerbock-Fanklub bei den Bürgern so klein und bei den meinungsbildenden Gesellschaftsschichten (Medien, Kultur, Wissenschaft etc.) so groß? Weil die Linke die Gesellschaft und den Staat seit den 1960er-Jahren gezielt unterwandert hat. Weil in den Redaktionen fast ausschließlich Sozialisten aller Schattierungen sitzen. Die deutsche Medienlandschaft ist kein Ab-, sondern ein Zerrbild unserer Gesellschaft. In den großen Medien werden nur noch Meinungen und Ansichten links der Mitte vertreten. Jedes von den Mainstream-Medien verbreitete Info-Häppchen wird mit viel Ideologie und linker Volkspädagogik aufgeladen, jedes Ereignis wird dem Leser, Hörer und Seher aus linker Perspektive erklärt und für ihn politisch und moralisch eingeordnet. Was er keinesfalls soll, sich seine eigene Meinung auf Basis von Fakten, Daten und Informationen bilden.

Rechte, konservative und liberale Standpunkte werden nur noch in alternativen und – mit Einschränkungen – in sozialen Medien vertreten. Selbst diese letzten Oasen der Meinungs- und Pressefreiheit werden von der linken Einheitsfront, die angesichts der Folgen ihrer desaströsen Transformationspolitik um ihre Macht bangt, unter dem Vorwand gegen Hass, Hetze und Fake News vorzugehen, bekämpft. Nachdem Innenministerin Nancy Faeser unter fadenscheinigen Begründungen und basierend auf umstrittenen rechtlichen Grundlagen das rechte Magazin *Compact* verboten hat, sprachen die Grünen von einer »längst überfälligen Maßnahme«.[307] Und sie forderten, dass das »formelle Verbot« einer der letzten nicht linken Zeitschriften Deutschlands »nur der erste Schritt sein könne«.[308]

Der renommierte Medienanwalt Joachim Steinhöfel warf Faeser in diesem Zusammenhang »vorsätzlichen Verfassungsbruch« vor.[309] Dass dieser brutale Schlag gegen die Pressefreiheit in den Mainstream-Medien trotzdem so gut wie keine Kritik ausgelöst hat, liegt daran, dass Medien wie ZDF, ARD, *Spiegel* und *Süddeutsche Zeitung* von schreibenden linken Ideologen durchsetzt sind. Zahlreiche Befragungen und Studien belegen das. Etwa eine unter ARD-Volontären aus dem Jahr 2020.[310]

Wenn am Sonntag Bundestagswahl wäre?

Umfrage unter den Volontären und Volontärinnen der ARD, in Prozent*

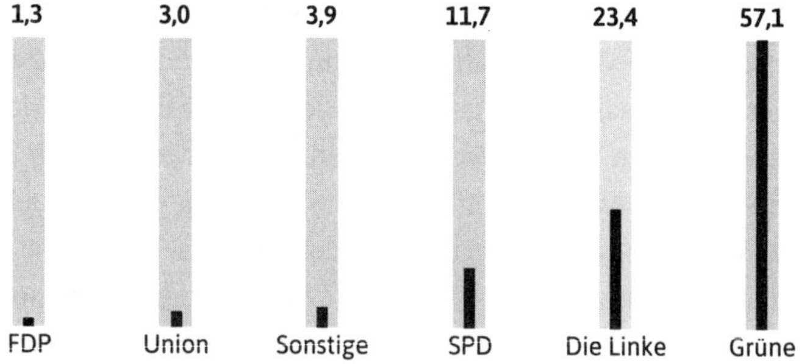

*Wahlbeteiligung 51,3 Prozent beziehungsweise 77 Angaben

Die Nachwuchsjournalisten der ARD, die eigentlich unabhängig sein sollten, wählen zu 92 Prozent rot-rot-grün, über 57 Prozent sind Grünwähler. Was soll man sich von solchen Medien außer links-grüner Propaganda erwarten? Dass solche »Journalisten« über ihre grünen Amigos in der Politik und deren segensreiches Wirken nicht kritisch berichten, liegt auf der Hand. Zumal sie für diese einseitige Berichterstattung und Propaganda nicht nur nicht kritisiert, sondern von ihrem Umfeld gelobt werden, ja, diese politische Haltung ist vielmehr

Voraussetzung, um überhaupt einen Job in den großen deutschen Medien zu bekommen.

Dank solcher linken Netzwerke in den Medien, die jegliche objektive und kritische Berichterstattung ersticken, ist es etwa den Demokraten in den USA gelungen, den völlig desorientierten und senilen US-Präsidenten Joe Biden der breiten Öffentlichkeit über Jahre als gesund und geistig fit zu verkaufen, indem sie seine Aussetzer und Peinlichkeiten einfach nicht zeigten, nicht thematisierten und all jene attackierten, die darüber objektiv informieren wollten. Wer in den USA oder Deutschland das Offensichtliche aussprach, nämlich dass Biden geistig nicht mehr in der Lage sei, eine Weltmacht zu führen, wurde als rechter Verschwörungstheoretiker diffamiert. Erst bei der direkten Konfrontation von Biden und Trump auf CNN am 27. Juni 2024 ließen die Linken aus strategischen Gründen dieses Narrativ, das sie über Jahre aufrechterhalten hatten, in sich zusammenbrechen. Viele Amerikaner und auch Deutsche waren bass erstaunt, als sie ungefiltert und live sahen, dass Biden ein seniles Wrack war. Man hatte ihnen schließlich mithilfe von Desinformation und gut geschnittenen TV-Bildern jahrelang etwas vorgemacht. Wenige Tage vor dem TV-Duell hatte noch ein ARD-»Faktenfinder« gewettert:

Gesundheitszustand von Biden als Zielscheibe […]. Im Netz verbreiten sich jedoch oft Videos, die aus dem Zusammenhang gerissen wurden, um die Thematik zu befeuern – mit System.[311]

Pascal Siggelkow, *ARD-Faktenfinder*, 2024

Wenige Tage später, nach dem TV-Duell und nachdem die Demokraten ihr Narrativ umgeschrieben hatten, schwenkte auch die ARD um und sprach von einem »desaströsen Auftritt«,[312] davon, dass sich

Biden in Sätze »verheddert« hätte etc. – all das, was man wenige Tage zuvor noch vehement bestritten hatte. Mit Baerbock ist es ähnlich. Wer sich primär über linke Mainstream-Medien informiert, für den ist Baerbock eine kompetente, sympathische und weltweit geachtete Außenpolitikerin. Von ihren unzähligen Peinlichkeiten und Fehltritten erfährt derjenige, der sich vor allem über die *Tagesschau*, *Zeit* und *Süddeutsche* informiert, nichts. In der virtuellen Realität der linken Blase ist Baerbock tatsächlich eine der besten Politikerinnen, die Deutschland je hatte.

So wie Biden kann allerdings auch Baerbock, wenn es für die Linke von Vorteil ist, jederzeit ausgetauscht beziehungsweise fallengelassen werden. Dazu brauchen die Journalisten nichts weiter zu tun, als ihren medialen Schutzschild zu deaktivieren. Den Linken in den Medien geht es schließlich nicht um die Person Baerbock, sondern darum, dass jemand »ihre« politischen Visionen umsetzt. Deshalb kann auch Baerbock in die Kritik der Mainstream-Medien geraten, nämlich dann, wenn sie diese Ziele aus Sicht ihrer journalistischen Gesinnungsgenossen nicht kompromisslos und schnell genug umzusetzen versucht.

Ein Beispiel dafür war ihre Zustimmung zum europäischen Asyldeal 2023. Er wurde beschlossen, weil die Stimmung in ganz Europa umschlug und die EU die Bevölkerung beruhigen und deshalb zumindest symbolische Maßnahmen gegen die Massenzuwanderung treffen musste. Es ging und geht beim EU-Asyldeal nicht darum, die Migrantenströme nach Europa tatsächlich einzudämmen, sondern den murrenden Bürgern vorzugaukeln, man werde den Zugang zu Asyl und zu den europäischen Sozialsystemen erschweren.

Einigen Grünen und vor allem vielen linken Journalisten ging aber selbst diese Asylmogelpackung zu weit. Sie sahen in ihr ein falsches Signal an die Bevölkerung. Baerbock wurde sowohl innerparteilich als auch von NGOs und einigen Medien kritisiert. Sie schrieb deshalb einen fünfseitigen Entschuldigungsbrief an ihr politisches Lager:

Der jetzt erreichte Kompromiss ist absolut kein einfacher. Zur Ehrlichkeit gehört: Wenn wir die Reform als Bundesregierung alleine hätten beschließen können, dann sähe sie anders aus.[313]

Annalena Baerbock, 2023

Dass Deutschland der Reform der EU-Asylpolitik zugestimmt hat, brachte auch die Asylindustrie, die von Baerbock bis heute tatkräftig mit Nachschub versorgt wird, gegen sie auf.

Diese Einigung ist fast schlimmer als befürchtet.[314]

Judith Wiebke, Pro Asyl, 2023

NGOs und die milliardenschwere Asylindustrie, die noch radikaler als die Grünen sind, kritisierten Baerbock für diesen »Verrat« an ihrer globalistischen Sache und die Gefährdung ihres einträglichen Geschäftsmodells, für das sie einen permanenten Zustrom Tausender möglichst kulturfremder, leistungsferner und integrationsunwilliger Migranten benötigen. Die Mainstream-Medien positionierten sich in diesem internen Konflikt der Linken klar auf der Seite der radikalen Zuwanderungslobby:

»Darf jetzt nicht um Parteitaktik gehen«: Grüne hadern mit dem Asyl-Deal[315]

Frankfurter Rundschau, 2024

Grüne Parteibasis »erschüttert« über Asylkurs[316]

ARD-*Tagesschau*, 2023

Einigung bei EU-Asylpolitik:
»Der größte politische Rückschlag.«[317]

taz, 2023

Diese Aufzählung ließe sich beliebig fortführen und zeigt, dass Medien und Zivilgesellschaft nicht nur Unterstützer der Grünen sind, sie treiben sie als radikale Kräfte auch immer wieder vor sich her. Diese Dynamik hat Deutschland in den vergangenen Jahren immer weiter nach links abdriften lassen. Die linken politischen Akteure in den Regierungen und Parlamenten auf der einen sowie die in den Medien und NGOs auf der anderen Seite schaukeln sich in ihrer Radikalität, in ihrer Bürger- und Demokratieverachtung immer weiter auf.

Die Folgen dieses politmedialen Rückkopplungsprozesses sind derart katastrophal, dass die Bürger das Vertrauen in die immer autoritärer agierende Herrschaftsklasse verlieren. Der politische Druck und die Repressalien müssen deshalb weiter erhöht werden, um die Lage unter Kontrolle zu behalten. Mit den bekannten Einschüchterungsmethoden (Kampf gegen rechts, Hass, Klima- und Coronaleugner etc.) kann das Establishment zwar die öffentliche Kritik an der Regierung und ihrer Politik unterdrücken, die Wahlergebnisse aber nur noch bedingt steuern. Das lässt sich an den Zustimmungswerten für Annalena Baerbock, die wie keine andere Politikerin von den Medien gehypt wird, ablesen:

Laut einer Umfrage für den *Focus* vom April 2024 beantworteten 81 Prozent der Bürger die Frage, ob sie Baerbock für eine geeignete Kanzlerkandidatin der Grünen halten, mit »Nein, auf keinen Fall«

(73 Prozent) und »Eher nein« (8 Prozent).[318] Bei Annalena Baerbock stoßen selbst die besten linken Meinungsmacher an ihre Grenzen.

Was andere über Baerbock sagen

Ich könnte spontan nicht sagen, ob es einen Bereich gibt, in dem sich Frau Baerbock als wirklich sachkundig erwiesen hat.[319]

Joachim Steinhöfel, Rechtsanwalt und Publizist, 2024

Ich halte das für eine außerordentliche Fehlentwicklung, was da an außenpolitischem Porzellan zerschlagen wird![320]

Gerhard Schröder, ehemaliger Bundeskanzler, 2024

Leider spürt man bei Frau Baerbock oft, dass ihr das notwendige Wissen fehlt. Es scheinen sogar wichtige geschichtliche Grundkenntnisse zu fehlen. Diese Lücken sollte sie dringend schließen.[321]

Martin Klapheck, Rhetorikcoach, 2024

Dass Annalena Baerbock auch nur vage Kenntnisse des Völkerrechts besitzt, hält kein ernstzunehmender Jurist für vorstellbar.[322]

Joachim Steinhöfel, Rechtsanwalt und Publizist, 2024

Annalena Baerbock hat durch ihre vielen Versprechen und offen kundig gewordene Wissenslücken viel Glaubwürdigkeit verloren.[323]

Martin Klapheck, Rhetorikcoach, 2024

Im Ukrainekrieg müsste Frau Baerbock diplomatische Initiative ergreifen und sich als Mittlerin für Friedensverhandlungen einsetzen. Stattdessen ist die deutsche Außenministerin zu einem veritablen Sicherheitsrisiko für unser Land geworden.[324]

Alice Weidel, AfD-Chefin, 2023

Der Logopäde von Annalena Baerbock soll sich erschossen haben.[325]

Claudio Casula, Autor, 2021

Frau Baerbock ist eine Trampolinspringerin ohne jede völkerrechtliche oder diplomatische Qualifikation, die palettenweise politisches Porzellan zerschlägt. Mir erscheint sie intellektuell als die Inkarnation einer Mittelschülerin mit Artikulationsproblemen.[326]

Joachim Steinhöfel, Rechtsanwalt und Publizist, 2024

Ihr wirres Denken und Reden macht Annalena Baerbock zum Sicherheitsrisiko für Europa.[327]

Roland Tichy, Journalist und Herausgeber von *Tichys Einblick*, 2022

Das [ihre Versprecher, Anm. d. Autors] sind keine Versehen, das ist Inkompetenz, die auf das Land zurückfällt, unabhängig davon, wie ein Logopäde das medizinisch einordnet.[328]

Joachim Steinhöfel, Rechtsanwalt und Publizist, 2024

Man muss Frau Baerbock auch mal zugutehalten, sie hat es ja nicht gelernt. Ihre Qualifikation ist ein Auslandsschuljahr, wie sie selbst angibt – angeblich –, so, wie sie Englisch spricht vermutlich im Sauerland. Und zwei Semester Völkerrecht – ich weiß nicht, keine Ahnung – wahrscheinlich ein Fernstudium, Hogwarts oder […].[329]

Dieter Nuhr, Kabarettist, 2023

Was Baerbock »wertegeleitet« nennt, ist beinharte Ideologie, die sie ohne jedes Gespür für diplomatischen Takt und ohne jede fachliche Qualifikation verfolgt.[330]

Joachim Steinhöfel, Rechtsanwalt und Publizist, 2024

Die dümmste Außenministerin der Welt[331]

Ein 58-Jähriger auf X, der dafür von Baerbock angezeigt wurde, 2024

Nun hätte man sicher viel feinsinniger ausdrücken können, dass es der deutschen Außenministerin Annalena Baerbock in regelmäßigen Abständen an der ein oder anderen Stelle an Intelligenz, Fachwissen, Rhetorik, Englischkenntnissen und sonstigen Minimalanforderungen an eines der wichtigsten Ämter im Land mangelt, aber »dümmste Außenministerin der Welt« tut es natürlich auch.[332]

Birgit Kelle, Autorin, 2024

Sie [Baerbock und Habeck, Anm. d. Autors] stehen insofern prototypisch für die Grünen, als bei ihnen häufig die Moral und die Annahme, alles besser zu wissen, die Sachkenntnis ersetzt. Sie fühlen sich moralisch im Recht und leiten daraus die Berechtigung ab, andere zu belehren und zu bevormunden – zur Not auch ohne demokratische Legitimation.[333]

Joachim Steinhöfel, Rechtsanwalt und Publizist, 2024

Der wahre Grund, dass sie wie auch andere Minister wie Pattex an ihrem Stuhl klebt, ist aber ein ganz anderer: Das völlige Fehlen von Unrechtsbewusstsein oder des Eingeständnisses, überfordert zu sein.[334]

Birgit Kelle, Autorin, 2024

Wir kennen nicht den Sinn und Zweck von unzähligen Reisen einer Außenministerin. Ohne Ertrag, ohne Erfolg. Am Ende steht nur Verwirrung und internationaler Schaden.[335]

Markus Söder, Bayerischer Ministerpräsident, 2024

In ihren Vorträgen, Interviews und Talkshow-Auftritten wirkt Baerbock fast nie wie eine Person, die sich auf ein Gespräch einlässt, sondern eher wie eine Sprecherin, die abgespeicherte Textbausteine ausstößt, dabei aber deutlich öfter durcheinanderkommt als andere im Politikbetrieb.[336]

Alexander Wendt, Journalist, 2021

Die «wertegeleitete» und «feministische» Aussenpolitik der Grünen wirkt im Lichte der geopolitischen Grosswetterlage bestenfalls naiv.[337]

Marc Felix Serrao, Journalist, *NZZ*, 2024

Die Fashion-Metamorphose der Annalena B. dürfte allerdings nur wenig mit ihrem eigenen Geschmack zu tun haben, sondern mit den sündteuren Stylisten, die sie sich von deutschen Steuergeldern gönnt.[338]

Sylvie-Sophie Schindler, Journalistin, *Weltwoche*, 2024

Doch bis auf ein paar Südsee-Fotos vom Strand in Palau für ihren Instagram-Account kam nichts dabei herum. Politisch ging sie mit ihrer Hybris und Naivität baden.[339]

Henning Hoffgaard, Journalist, *Junge Freiheit*, 2022

Was für ein Unfall, dass diese Frau Außenministerin geworden ist.[340]

Richard David Precht, Philosoph, 2023

Annalena Baerbock verzichtet auf die Kandidatur für ein Amt, das kein einziger Mensch im Land ihr zutraut. Selbst in der Grünen Partei spürt man die Erleichterung.[341]

Julian Reichelt, 2024

Unter Annalena Baerbock ist das Auswärtige Amt zum Einwanderungs- und Schleuseramt degradiert worden. Tausende Migranten wurden unter vorsätzlicher Umgehung von Recht und Gesetz nach Deutschland eingeschleust. Dieser systematische Missbrauch fügt unserem Land und seinen Bürgern schweren Schaden zu und gefährdet die innere Sicherheit.[342]

Alice Weidel, AfD-Chefin, 2024

Best of Baerbock II: Ihre schönsten Versprecher

- Am meisten sanktioniertes Sanktionsregime[343]
- Aufschlung[344]
- Bacon of Hope[345]
- Bumseltag[346]
- Defensieg[347]
- einer der längsten Außenminister auf der internationalen Bühne[348]
- ekeftiv[349]
- emonotial[350]
- erwickelt[351]
- Fressefreiheit[352]
- führende Kröpfe[353]
- Grückenwind[354]
- humaninitäre Lage[355]
- Husis [gemeint sind die Huthi-Rebellen, Anm. d. Autors][356]
- Ich freu mich, dass wir heute eine Presse geben können.[357]
- Kampfline[358]
- Kobold [statt Kobalt, Anm. d. Autors][359]
- kokainisches Getreide[360]
- kurrigiert[361]
- Lasst uns dieses Europa gemeinsam verenden.[362]
- minitiös[363]

- miteingestritten sind[364]
- neuerbare Energieren[365]
- Ostkokaine[366]
- Parteitank[367]
- präsidenzloser Angriff[368]
- relataiiv[369]
- Sackkasse[370]
- Satuation[371]
- Schewegewara[372]
- Solala-Energie[373]
- Steuerinnenzahler[374]
- UN-Charta als höchstes Gremium[375]
- Waffenaufstieg[376]
- Wasserschoft[377]
- Wenn wir auf die Grundschauen schulen[378]
- Wir greichen auch das Herzstück der Demokratie.[379]

Literatur

Baerbock, Annalena: *Jetzt – Wie wir unser Land erneuern*, Berlin 2021

Bockwyt, Esther: *Woke – Psychologie eines Kulturkampfes*, Neu-Isenburg 2024

Erhard, Ludwig: *Wohlstand für alle*, Köln 2009

Frankfurt, Harry G.: *Bullshit*, Frankfurt am Main, 2014

Freilich – Das Magazin für Selberdenker (Hg.): »Politische Studie 7, Die Grünen – Konturen einer linksextremen Gruppe«, 2021

Gehlen, Arnold: *Moral und Hypermoral – Eine pluralistische Ethik*, Frankfurt am Main, 7. Auflage 2016

Grandt, Michael: *Die Grünen – Zwischen Kindersex, Kriegshetze und Zwangsbeglückung*, Rottenburg 2015

Grandt, Michael: *»Junge globale Führerin« – Annalena Baerbock: Wer sie ist. Wer sie steuert. Was sie will*, E-Book, Rottenburg 2021

Grau, Alexander: *Hypermoral – Die neue Lust an der Empörung*, E-Book, München 2017

Hayek, Friedrich August von: *Der Weg zur Knechtschaft*, Ausgabe des Friedrich August von Hayek Instituts, Wien 2006

Hegel, Georg Wilhelm Friedrich: *Grundlinien der Philosophie des Rechts*, 1821

Kinsky-Weinfurter, Gottfried: *Das Bullshitprinzip – Täuschen, Tarnen, Torpedieren*, Wien 2023

Kissler, Alexander: *Widerworte – Warum mit Phrasen Schluss sein muss*, München 2019

Ley, Michael: *Hitlers Kinder – Die Generation der Achtundsechziger*, Rangsdorf 2018

Malleret, Thierry; Schwab, Klaus: *COVID-19: The Great Reset*, 2020

Reichel, Werner: *Der deutsche Willkommenswahn*, Wien 2018

Reichel, Werner (Hg.): *Klimareligion – Auf dem Weg in den Öko-Totalitarismus*, Wien 2023

Schafarewitsch, Igor R.: *Der Todestrieb in der Geschichte – Erscheinungsformen des Sozialismus*, E-Book, Meerbusch 2016

Schubert, Stefan: *Der geheime Krieg gegen Deutschland – Unser Land im Fadenkreuz globaler Eliten*, Rottenburg 2024

Scruton, Roger: *Narren, Schwindler, Unruhestifter – Linke Denker des 20. Jahrhunderts*, München 2021

Sickl, Heinrich: *Das Lob der Grenze*, Graz 2020

Taleb, Nassim Nicholas: *Das Risiko und sein Preis – Skin in the Game*, München 2020

Bildverzeichnis

Endnoten

Die Links in den Quellenangaben wurden zum Zeitpunkt der Recherche geprüft und verifiziert. Bei Redaktionsschluss waren die Quellen alle aufrufbar. Sollte dies nach der Drucklegung nicht mehr der Fall sein, so können Onlineartikel oft noch über die Wayback Machine des Internetarchivs (*https://archive.org/web/*) aufgefunden werden. Für Links, die nach der Veröffentlichung von den Seitenbetreibern gelöscht oder verändert wurden, übernehmen Verlag und Autor keine Verantwortung.

1 *https://www.tiktok.com/@_justforfun_55/video/7316609881862180128.*
2 *https://jungefreiheit.de/debatte/interview/2024/steinhoefel-interview-leichtmatrosin-baerbock-rosstaeuscher-und-habeck/.*
3 Bockwyt, Esther: *Woke – Psychologie eines Kulturkampfes*, Neu-Isenburg 2024, Seite 135 f.
4 *https://www.tichyseinblick.de/meinungen/annalena-baerbock-sicherheitsrisiko-europa/.*
5 *https://www.fr.de/politik/kurz-vor-der-europawahl-baerbock-fuer-neues-amt-im-gespraech-93105302.html.*
6 Baerbock, Annalena: *Jetzt – Wie wir unser Land erneuern*, Berlin 2021, Seite 13 f.
7 *https://www.kettner-edelmetalle.de/news/die-fragwurdige-strategie-der-annalena-baerbock-16-05-2024.*

8 *https://www.merkur.de/politik/umfrage-politik-deutschland-baerbock-habeck-scholz-lauterbach-spd-gruene-fdp-cdu-csu-linke-afd-zr-91909780.html.*

9 *https://www.focus.de/magazin/archiv/rubriken-erstaunlich-welch-rede-schnitzer-annalena-baerbock-ohne-viel-kritik-uebersteht_id_187583764.html.*

10 *https://www.bild.de/politik/inland/politik-inland/baerbock-aussage-egal-was-meine-deutschen-waehler-denken-sorgt-fuer-aerger-81195656.bild.html.*

11 *https://www.jetzt.de/politik/nach-trumps-versprecher-eine-liste-historischer-s%C3%A4tze-wie-sie-wirklich-gemeint-waren.*

12 *https://www.sueddeutsche.de/panorama/englisch-akzent-annalena-baerbock-1.5487656?reduced=true.*

13 *https://www.fr.de/panorama/annalena-baerbock-fressefreiheit-versprecher-russland-besuch-aussenministerin-pressekonferenz-pressefreiheit-gruene-news-91248164.html.*

14 *https://de.wikipedia.org/wiki/L%C3%BCbke-Englisch.*

15 *https://www.telepolis.de/features/Luegende-Politiker-die-wohl-doch-keine-waren-3392687.html.*

16 *https://www.destatis.de/DE/Themen/Gesellschaft-Umwelt/Bevoelkerung/Bevoelkerungsstand/_inhalt.html.*

17 Baerbock, Annalena: *Jetzt – Wie wir unser Land erneuern*, Berlin 2021, Seite 16.

18 Baerbock, Annalena: *Jetzt – Wie wir unser Land erneuern*, Berlin 2021, Seite 80.

19 Ebd., Seite 102.

20 *https://www.spiegel.de/spiegel/angela-merkel-die-weltkanzlerin-a-1146357.html.*

21 Siehe Kapitel »Die Hochstaplerin«.

22 *https://mises.org/mises-wire/hayek-and-intellectuals.*

23 Siehe Kapitel »Die Hochstaplerin«.

24 Bockwyt, Esther: *Woke – Psychologie eines Kulturkampfes*, Neu-Isenburg 2024, Seite 135 f.

25 *https://exxpress.at/wow-baerbock-kennt-laender-die-hunderttausende-von-kilometern-entfernt-sind/.*

26 *https://jungefreiheit.de/debatte/kommentar/2023/baerbock-peinliche-aussetzer/.*

27 *https://www.youtube.com/watch?v=kWDFDt_lmMI.*

28 *https://www.youtube.com/watch?v=AKGNc9WhsWc.*

29 Baerbock zitiert nach Grandt, Michael: *»Junge globale Führerin« – Annalena Baerbock: Wer sie ist. Wer sie steuert. Was sie will*, E-Book, Rottenburg 2021, Kapitel »Wissen ist Macht, nichts zu wissen, macht auch nichts«.

30 *https://www.dw.com/en/putins-shadow-looms-large-at-munich-security-conference/a-64753075.*

31 *https://www.tichyseinblick.de/gastbeitrag/aussenministerin-baerbock-deutschland/.*

32 Ebd.

33 *https://www.tichyseinblick.de/meinungen/annalena-baerbock-sicherheitsrisiko-europa/.*

34 *https://www.welt.de/politik/article230981333/Bundestag-Baerbock-schreibt-soziale-Marktwirtschaft-SPD-zu.html.*

35 In einem Werbevideo aus dem Jahr 2016 machte das globalistische Weltwirtschaftsforum die programmatische Ansage: »You'll own nothing. And you'll be happy.« Siehe: *https://x.com/wef/status/983378870819794945.*

36 Erhard, Ludwig: *Wohlstand für alle*, Köln 2009, Seite 23.

37 *https://www.tichyseinblick.de/daili-es-sentials/das-drama-des-unbegabten-kindes/.*

38 *https://www.welt.de/politik/deutschland/article231895443/Wahl-von-Kemmerich-Merkels-Aeusserung-in-Suedafrika-wird-Fall-fuers-Gericht.html.*

39 *https://www.tichyseinblick.de/daili-es-sentials/das-drama-des-unbegabten-kindes/.*

40 *https://www.welt.de/politik/deutschland/article228082095/Gruene-rudern-nach-Falschmeldung-zu-Fukushima-zurueck.html.*

41 Frankfurt, Harry G.: *Bullshit*, Frankfurt am Main, 2014, Seite 27.

42 Frankfurt, Harry G.: *Bullshit*, Frankfurt am Main, 2014, Seite 40.

43 Kinsky-Weinfurter, Gottfried: *Das Bullshitprinzip – Täuschen, Tarnen, Torpedieren*, Wien 2023, Seite 16.

44 *https://www.deutschlandfunk.de/kandidatin-fuer-den-parteivorsitz-der-gruenen-ich-bin-100.html.*

45 *https://www.telepolis.de/features/Gruene-Loesung-der-Stromspeicher-Frage-oder-doch-eher-Verwechslung-3955792.html.*

46 *https://www.achgut.com/artikel/annalenas_strom_aus_huehnchen.*

47 *https://www.youtube.com/watch?v=LMdILqyoaFE.*

48 MINT steht für Mathematik, Informatik, Naturwissenschaften und Technik.

49 *https://www.achgut.com/artikel/jede_batterie_hat_zwei_polen_kathole_und_synode.*

50 *https://www.youtube.com/watch?v=l1UQrfiU3qI&list=PL5LwaSF9TJ6lUZvlvwsBZRkaGG3dHcRVs&index=3.*

51 *https://exxpress.at/gewesslers-beraterin-nehmen-den-deutschen-den-traum-von-auto-und-eigenheim/.*

52 *https://www.tiktok.com/@pressespiegel/video/7280207397040164129.*

53 *https://www.tichyseinblick.de/daili-es-sentials/das-drama-des-unbegabten-kindes/.*

54 *https://www.tichyseinblick.de/gastbeitrag/baerbock-davos-waffenstillstand/.*

55 *https://www.bild.de/politik/ausland/politik-ausland/speck-der-hoffnung-patzer-in-suedafrika-holt-baerbock-ein-84514114.bild.html.*
56 *https://www.youtube.com/watch?v=JX4SOAgETow.*
57 Siehe Kapitel »Best of Baerbock II«.
58 *https://www.fr.de/panorama/annalena-baerbock-fressefreiheit-versprecher-russland-besuch-aussenministerin-pressekonferenz-pressefreiheit-gruene-news-91248164.html.*
59 *https://www.faz.net/aktuell/feuilleton/medien/compact-klagt-gegen-verbot-vor-bundesverwaltungsgericht-19878490.html.*
60 *https://www.bild.de/politik/inland/neue-staats-rezepte-fuer-pizza-co-oezdemir-plant-supermarkt-revolution-662e26e2e817c841f8c7d896.*
61 *https://www.youtube.com/watch?v=yhzrRf4wzc8.*
62 Siehe Kapitel »Best of Baerbock II«.
63 *https://weltwoche.de/daily/deutschlands-aussenministerin-annalena-baerbock-spricht-nach-dem-terrorakt-in-mannheim-lapidar-von-hass-und-hetze-nicht-auszudenken-was-losgewesen-waere-wenn-das-opfer-ein-gruener-gewes/.*
64 *https://weltwoche.de/daily/unglaublich-verfassungsschuetzer-thomas-haldenwang-sieht-im-demokratie-feindliche-kalifat-eine-denkbare-staatsform/.*
65 Siehe Kapitel »Die Hochstaplerin«.
66 *https://www.nius.de/politik/cicero-recherchen-enthuellen-baerbock-ministerium-stellte-visa-an-personen-mit-gefaelschten-paessen-aus/66c5dcdc-3d3a-4fda-9d35-8cc0f4d93227.*
67 *https://www.rnd.de/politik/precht-zieht-ueber-baerbock-her-was-fuer-ein-unfall-dass-diese-frau-aussenministerin-geworden-ist-TBMZ4G6EHNBOBAYZYQY3IQHVCU.html.*
68 *https://www.derstandard.de/story/2000119061474/basiert-ueberheblichkeit-in-der-regel-auf-einem-minderwertigkeitsgefuehl.*
69 *https://www.youtube.com/watch?v=S7sgws2zBa8.*

70 *https://www.faz.net/aktuell/gesellschaft/ungluecke/flutkatastrophe-im-ahrtal-neue-erkenntnisse-zum-hochwasser-17470847.html.*
71 *https://www.tichyseinblick.de/daili-es-sentials/anne-spiegel-muss-als-bundesfamilienministerin-gehen/.*
72 *https://www.merkur.de/politik/baerbock-spiegel-ruecktritt-gruene-familienministerium-urlaub-flutkatastrophe-scholz-politik-91473290.html.*
73 *https://www.tagesspiegel.de/politik/sicherheitsgefuhl-in-deutschland-aus-furcht-meiden-es-viele-frauen-nachts-rauszugehen-8848975.html.*
74 *https://www.bild.de/politik/inland/staatsschuetzer-schlaegt-alarm-deutsche-kinder-konvertieren-aus-angst-zum-islam-66264176841ad84a3ea833d8.*
75 Siehe Kapitel »Die Hochstaplerin«.
76 *https://jungefreiheit.de/debatte/interview/2024/steinhoefel-interview-leichtmatrosin-baerbock-rosstaeuscher-und-habeck/.*
77 Bockwyt, Esther: *Woke – Psychologie eines Kulturkampfes*, Neu-Isenburg 2024, Seite 108.
78 *https://de.wikipedia.org/wiki/Angela_Merkel#Auszeichnungen_und_Ehrungen.*
79 *https://www.fr.de/politik/kurz-vor-der-europawahl-baerbock-fuer-neues-amt-im-gespraech-93105302.html.*
80 *https://www.spiegel.de/kultur/gesellschaft/tv-scharfrichter-bohlen-rhetorische-handkantenschlaege-a-533411.html.*
81 *https://taz.de/Annalena-Baerbock-ueber-Kanzlerinnenamt/!5734264/.*
82 *https://www.deutschlandfunk.de/kandidatin-fuer-den-parteivorsitz-der-gruenen-ich-bin-100.html.*
83 *https://www.youtube.com/watch?v=rsjRm2Zf-5Y.*
84 *https://www.freilich-magazin.com/gesellschaft/freilich-studie-gruene-netzwerke-in-bildung-und-wissenschaft.*

85 Bockwyt, Esther: *Woke – Psychologie eines Kulturkampfes*, Neu-Isenburg 2024, Seite 167.

86 Ebd., Seite 115.

87 *https://www.nius.de/politik/strafantrag-wegen-beleidigung-mit-dieser-unterschrift-hat-baerbock-einen-unternehmer-vor-gericht-gezogen/748a9b3b-5619-4bb6-9907-94ccddce850d.*

88 *https://jungefreiheit.de/politik/deutschland/2024/wieder-ein-gerichtsurteil-wegen-gruenen-schmaehung/.*

89 *https://www.nius.de/kommentar/maechtig-beleidigt-wer-baerbock-auf-ihre-unfaehigkeit-hinweist-wird-eingeschuechtert-vor-gericht-gezerrt/5d95a2ca-3d88-4e92-a5f7-7cbe81ff524c.*

90 *https://www.zeit.de/politik/ausland/2023-09/china-diktator-aussage-annalena-baerbock-xi-jinping.*

91 Merkel zitiert nach Reichel, Werner: *Der deutsche Willkommenswahn*, Wien 2018, Seite 266.

92 *https://www.bmwk.de/Redaktion/DE/Pressemitteilungen/2024/01/20240104-zitat-habeck-schaetzungen-der-agora-energiewende-zum-co2-ausstoss-deutschlands.html#:~:text=%E2%80%9EDie%20Emissionen%20in%20Deutschland%20sind,letzten%20zwei%20Jahre%20klar%20angezogen.*

93 *https://www.welt.de/wirtschaft/article251713736/Heizungsgesetz-Habecks-entlarvende-Selbstkritik-Buerger-als-Versuchskaninchen.html.*

94 *https://www.welt.de/kultur/literarischewelt/article125158458/Sagt-endlich-dass-Mao-der-groesste-Massenmoerder-war.html.*

95 *https://www.fr.de/politik/einmal-zurueck-11196616.html.*

96 *https://www.nzz.ch/feuilleton/riskiere-deine-haut-oder-schweig-ld.1387508.*

97 Ebd.

98 Baerbock, Annalena: *Jetzt – Wie wir unser Land erneuern*, Berlin 2021, Seite 12.

99 *https://www.tiktok.com/@paterrick2/video/7330645323657792801.*

100 Bockwyt, Esther: *Woke – Psychologie eines Kulturkampfes*, Neu-Isenburg 2024, Seite 116.

101 *https://www.ardmediathek.de/video/3nach9-die-mutter-aller-talkshows/talk-mit-bundesaussenministerin-annalena-baerbock/radio-bremen/Y3JpZDovL3JhZGlvYnJlbWVuLmRlLzg0OGZjYjk2LWNhZTYtNDA4Yi1iMjhiLWRhYjMzZTEyNjg0Ny9zZWN0aW9uL3VybjphcmQ6ZXBpc29kZTo4MGExMGRmMTk3ZTliZTZl.*

102 *https://www.zdf.de/nachrichten/heute-sendungen/videos/gruene-nouripour-europawahl-2024-video-102.html.*

103 *https://politik.watson.de/deutschland/exklusiv/251042982-eu-wahl-debakel-der-gruenen-gruene-jugend-uebt-kritik-einfach-enttaeuscht.*

104 *https://www.bild.de/politik/inland/politik-inland/baerbock-aussage-egal-was-meine-deutschen-waehler-denken-sorgt-fuer-aerger-81195656.bild.html.*

105 *https://www.auswaertiges-amt.de/de/newsroom/-/2563150.*

106 *https://www.klonovsky.de/2022/03/16-maerz-2022/.*

107 *https://www.auswaertiges-amt.de/de/newsroom/-/2563150.*

108 *https://www.youtube.com/watch?v=l1UQrfiU-3qI&list=PL5LwaSF9TJ6lUZvlvwsBZRkaGG3dHcRVs&index=3.*

109 *https://www.youtube.com/watch?v=3c8Gkm8VSLE.*

110 *https://www.faz.net/aktuell/politik/ausland/baerbock-verspricht-niger-und-nachbarlaendern-mehr-geld-17959662.html.*

111 *https://www.zeit.de/politik/2022-11/finanzhilfen-moldau-annalena-baerbock-geberkonferenz.*

112 *https://www.bundestag.de/dokumente/textarchiv/2022/kw12-de-auswaertiges-884240.*

113 *https://www.br.de/nachrichten/meldung/auch-baerbock-draengt-auf-erhoehung-von-ukraine-hilfsgeldern,30067563b.*

114 *https://taz.de/Bundesregierung-erhoeht-Erdbeben-Hilfe/!5916906/.*

115 *https://www.morgenpost.de/politik/ausland/article241388496/Baerbock-im-Libanon-Besuch-bei-der-UN-Blauhelmmission.html.*

116 *https://www.karlsruhe-insider.de/news/altersarmut-erste-rentner-koennen-sich-keinen-kaffee-mehr-leisten-181406.*

117 *https://jungefreiheit.de/debatte/kommentar/2022/baerbock-asien/.*

118 Ley, Michael: *Hitlers Kinder – Die Generation der Achtundsechziger*, Rangsdorf 2018, Seite 7 ff.

119 *https://www.tagesspiegel.de/politik/wegen-aufgabe-als-aussenministerin-baerbock-verzichtet-auf-erneute-kanzlerkandidatur-12000668.html.*

120 *https://www.rnd.de/politik/annalena-baerbock-verzicht-auf-die-kanzlerkandidatur-ist-kluge-entscheidung-BWX75DZ5LVEWFMFDFXZABM4EVA.html.*

121 *https://www.publicomag.com/2021/06/das-drama-des-unbegabten-kindes/.*

122 *https://www.gesetze-im-internet.de/stgb/__132a.html.*

123 *https://www.publicomag.com/2021/06/das-drama-des-unbegabten-kindes/.*

124 Die an der FU Berlin begonnene Völkerrechtspromotion hat sie 2015 abgebrochen. Siehe dazu: *https://www.publicomag.com/2021/06/das-drama-des-unbegabten-kindes/.*

125 *https://www.tagesspiegel.de/politik/baerbock-entschuldigt-sich-fur-ungenauigkeiten-im-lebenslauf-5607943.html.*

126 *https://www.tagesspiegel.de/politik/baerbocks-moral-bringt-die-grunen-in-die-bredouille-8109172.html.*

127 Ebd.

128 *https://www.bild.de/politik/inland/politik-inland/annalena-baerbock-genehmigte-sich-corona-bonus-selbst-76536458.bild.html.*

129 *https://www.welt.de/politik/deutschland/article231275851/Baerbock-raeumt-Fehler-bei-Nebeneinkuenften-ein-Bloedes-Versaeumnis.html.*

130 *https://www.tagesspiegel.de/politik/das-ist-der-mann-der-baerbock-plagiatsvorwurfe-macht-4260811.html.*

131 Ebd.

132 *https://www.tagesspiegel.de/politik/mindestens-29-copy-paste-funde-im-buch-von-baerbock-5402539.html.*

133 *https://www.youtube.com/watch?v=rsX5PWd32f8.*

134 *https://de.wikipedia.org/wiki/Hochstapler.*

135 *https://plagiatsgutachten.com/blog/baerbock-copy-paste-gedankenklau-schon-2017/.*

136 *https://www.focus.de/magazin/archiv/auswaertiges-amt-ermittlungen-gegen-leitende-beamte_id_260087890.html.*

137 *https://www.nius.de/politik/wir-beteiligen-uns-an-nichts-was-nicht-legal-waere-wie-gefaehrlich-wird-dieser-satz-fuer-baerbock/bcba2600-6ab0-4925-b982-fc4c614b439d.*

138 *https://www.focus.de/politik/deutschland/nichts-kann-uns-stoppen-ermittler-machen-in-visa-affaere-ansage-an-baerbock_id_260176083.html.*

139 Ebd.

140 *https://www.nius.de/politik/wir-beteiligen-uns-an-nichts-was-nicht-legal-waere-wie-gefaehrlich-wird-dieser-satz-fuer-baerbock/bcba2600-6ab0-4925-b982-fc4c614b439d.*

141 Ebd.

142 Bockwyt, Esther: *Woke – Psychologie eines Kulturkampfes*, Neu-Isenburg 2024, Seite 142.

143 Gehlen, Arnold: *Moral und Hypermoral – Eine pluralistische Ethik*, Frankfurt am Main 2016, Seite 75 ff.

144 Grau, Alexander: *Hypermoral – Die neue Lust an der Empörung*, E-Book, München 2017, Kapitel »Von der Moral zum Moralismus«.

145 *https://overton-magazin.de/dialog/wer-die-vergangenheit-beherrscht-beherrscht-die-gegenwart/.*

146 *https://www.tagesspiegel.de/politik/baerbocks-moral-bringt-die-grunen-in-die-bredouille-8109172.html.*

147 Siehe Kapitel »Die Hochstaplerin«.

148 *https://www.focus.de/politik/fuenf-verschiedene-amtsbezuege-annalena-baerbock-so-viel-gehalt-bekommt-die-aussenministerin_id_259708776.html.*

149 *https://politik.watson.de/deutschland/nachhaltigkeit/930622600-aussenministerin-baerbock-laesst-vor-reisen-co2-emissionen-pruefen.*

150 *https://www.focus.de/politik/deutschland/gruene-sind-spitzenreiter-die-flug-daten-der-minister-baerbock-verursacht-hoechsten-co2-ausstoss_id_186002711.html.*

151 *https://www.welt.de/politik/deutschland/article231164177/Klimaschutz-Baerbock-will-Abschaffung-von-Kurzstreckenfluegen.html.*

152 Ebd.

153 *https://www.diepresse.com/18428778/baerbock-gibt-kulturgueter-an-aborigine-stamm-zurueck.*

154 *https://www.welt.de/politik/ausland/article246889844/Baerbock-in-Abu-Dhabi-gestrandet-Weiterflug-auch-im-zweiten-Anlauf-fehlgeschlagen.html.*

155 *https://www.focus.de/politik/deutschland/kopenhagen-nach-berlin-um-drei-stunden-eher-zuhause-zu-sein-laesst-baerbock-extra-luftwaffen-piloten-einfliegen_id_259615921.html.*

156 *https://www.derwesten.de/politik/baerbock-em-2024-nachtflug-frankfurt-vorfall-id301032816.html.*

157 *https://www.nius.de/news/sie-flog-vom-em-spiel-zurueck-nach-berlin-baerbock-laesst-nachtflugverbot-der-gruenen-aufheben/4d51d3f4-d9a6-46e1-be64-c9cc605fddd3.*

158 *https://www.bw24.de/auto/mercedes-benz/annalena-baerbock-dienstwagen-mercedes-eqs-olaf-scholz-cem-oezdemir-eautos-bundesregierung-91340682.html.*
159 *https://www.deutschlandfunk.de/baerbock-gruene-ueber-klimaneutralitaet-eine-umstellung-des-100.html.*
160 *https://www.focus.de/finanzen/kostet-137-000-euro-steuergeld-so-begruendet-das-baerbock-ministerium-die-teure-visagistin_id_190992692.html.*
161 *https://www.focus.de/politik/wirbel-um-beauty-ausgaben-soll-sie-fertiger-aussehen-als-ihr-volk-jetzt-verteidigt-schweiz-blatt-baerbock_id_260124481.html.*
162 *https://taz.de/Gruene-Kanzlerkandidatin-Baerbock/!5767020/.*
163 *https://frankundfrei.online/the-green-reset-vorwaerts-in-die-vergangenheit/.*
164 *https://www.br.de/nachrichten/deutschland-welt/annalena-baerbock-traum-vom-kanzleramt-fuer-die-gruenen-geplatzt,Sjdv8Av.*
165 *https://www.deutschlandfunk.de/kandidatin-fuer-den-parteivorsitz-der-gruenen-ich-bin-100.html.*
166 Ebd.
167 *https://x.com/HGMaassen/status/1401214411612868611?ref_src=twsrc%5Etfw%7Ctwcamp%5Etweetembed%7Ctwterm%5E1401214411612868611%7Ctwgr%5E6d28f03472c828f88b3bc7aa12ac19a759036928%7Ctwcon%5Es1_&ref_url=https%3A%2F%2Fde.euronews.com%2Fmy-europe%2F2021%2F06%2F06%2Fhans-georg-maa-ens-peinlicher-tweet-zu-acab-baerbock.*
168 *https://www.deutschlandfunk.de/kandidatin-fuer-den-parteivorsitz-der-gruenen-ich-bin-100.html.*
169 *https://www.stern.de/politik/deutschland/annalena-baerbock-und-robert-habeck--das-gruene-spitzenduo-im-vergleich-30467386.html.*

170 *https://www.deutschlandfunk.de/kandidatin-fuer-den-parteivorsitz-der-gruenen-ich-bin-100.html.*

171 *https://jungefreiheit.de/politik/deutschland/2019/gruene-chefin-antifa-nicht-per-se-linksextrem/.*

172 *https://www.verfassungsschutz.de/SharedDocs/hintergruende/DE/linksextremismus/die-antifa-antifaschistischer-kampf-im-linksextremismus.html.*

173 *https://www.deutschlandfunk.de/kandidatin-fuer-den-parteivorsitz-der-gruenen-ich-bin-100.html.*

174 Siehe Kapitel »Die Hochstaplerin«.

175 *https://taz.de/Annalena-Baerbock-ueber-Kanzlerinnenamt/!5734264/.*

176 *https://www.ludwig-erhard.de/moralismus-ideologie-und-staatlicher-dirigismus-bei-den-gruenen-das-beispiel-der-klimapolitik/.*

177 *https://taz.de/Annalena-Baerbock-ueber-Kanzlerinnenamt/!5734264/.*

178 *https://www.boell.de/de/2020/12/09/societal-transformation-scenario-staying-below-15degc.*

179 Ebd.

180 *https://www.ludwig-erhard.de/moralismus-ideologie-und-staatlicher-dirigismus-bei-den-gruenen-das-beispiel-der-klimapolitik/.*

181 Baerbock, Annalena: *Jetzt – Wie wir unser Land erneuern*, Berlin 2021, Seite 14.

182 Ebd., Seite 74.

183 Baerbock, Annalena: *Jetzt – Wie wir unser Land erneuern*, Berlin 2021, Seite 79.

184 *https://frankundfrei.online/the-great-reset-was-wirklich-drinsteht/.*

185 *https://praxistipps.focus.de/young-global-leaders-mitglieder-und-ziele-der-schwab-freunde_141556.*

186 *https://www.younggloballeaders.org/.*
187 *https://www.younggloballeaders.org/vision-and-mission/.*
188 *https://www.achgut.com/artikel/die_young_leaders_werden_vom_himmel_geholt.*
189 *https://dserver.bundestag.de/btd/18/014/1801453.pdf.*
190 *https://www.spiegel.de/politik/deutschland/robert-habeck-und-annalena-baerbock-laeuten-neue-phase-der-gruenen-ein-a-1201885.html.*
191 *https://www.transgen.de/lebensmittel/1050.zusatzstoffe-vitamine-aminosaeuren-gentechnisch-veraenderte-mikroorganismen.html.*
192 *https://www.tagesspiegel.de/internationales/deutsche-panzer-an-der-ostfront-so-reagiert-russland-auf-die-leopard-lieferung-9242355.html.*
193 Baerbock, Annalena: *Jetzt – Wie wir unser Land erneuern*, Berlin 2021, Seite 102.
194 *https://www.welt.de/wirtschaft/article248386590/Flucht-und-Migration-kosten-dieses-Jahr-fast-50-Milliarden-Euro.html.*
195 Baerbock, Annalena: *Jetzt – Wie wir unser Land erneuern*, Berlin 2021, Seite 92.
196 *https://www.youtube.com/watch?v=9YqEKF7Ivd4.*
197 *https://www.welt.de/politik/deutschland/article246523474/Annalena-Baerbock-In-Zeiten-der-Verunsicherung-haben-es-populistische-Parteien-immer-einfacher.html.*
198 Platon: *Apologie des Sokrates*, 22d; *https://de.wikipedia.org/wiki/Ich_wei%C3%9F,_dass_ich_nichts_wei%C3%9F#Apologie_des_Sokrates.*
199 Hayek, Friedrich August von: *Der Weg zur Knechtschaft*, Wien 2006, Seite 32.
200 *https://www.tagesspiegel.de/politik/der-hochmut-der-vernunftigen-3781060.html.*

201 *https://www.rbb24.de/politik/beitrag/2024/01/interview-annalena-baerbock-gruene-berlin-brandenburg.html#:~:text=AfD%2DVerbotsverfahren%3F%20%2D%20Baerbock%20spricht,Verfahren%22%20als%20St%C3%A4rke%20der%20Demokratie&text=auch%20unter%20Zwang.,ein%20Verbot%20der%20AfD%20pr%C3%BCfen.*

202 Baerbock, Annalena: *Jetzt – Wie wir unser Land erneuern*, Berlin 2021, Seite 232.

203 Ebd., Seite 102.

204 Ebd., Seite 80.

205 Ebd., Seite 16.

206 *https://www.faz.net/aktuell/feuilleton/debatten/fluechtlingspolitik-migration-als-reflexzonenmassage-14041777.html.*

207 *https://www.welt.de/politik/deutschland/article201835458/Paul-Ziemiak-kritisiert-Robert-Habeck-in-Debatte-um-Vaterlandsliebe.html.*

208 Sickl, Heinrich: *Das Lob der Grenze*, Graz 2020, Seite 32 f.

209 *https://www.merkur.de/politik/baerbock-gruene-afghanistan-evakuierung-taliban-hilfe-evakuierung-aussenministerin-91199285.html.*

210 *https://reitschuster.de/post/baerbock-ein-grosses-herz-fuer-besonders-bedrohte-afghanen/.*

211 Ebd.

212 *https://www.welt.de/politik/deutschland/article245146502/Rassismus-Bald-ist-Schluss-mit-dem-lustigen-Leben-als-Weissbrot.html.*

213 *https://www.welt.de/print-welt/article423170/Risiko-Deutschland-Joschka-Fischer-in-Bedraengnis.html.*

214 *https://jungefreiheit.de/politik/deutschland/2011/grausam-und-unsolidarisch/.*

215 *https://www.bild.de/politik/inland/nach-islamistischem-anschlag-baerbock-warnt-vor-migrations-debatte-666002d3c34cbc2d431c1b62.*

216 *https://www.auswaertiges-amt.de/de/newsroom/-/2660198.*

217 *https://www.zeit.de/politik/deutschland/2023-09/aussenministerin-annalena-baerbock-asyl-herkunftslaender-liste.*

218 *https://www.bamf.de/DE/Themen/AsylFluechtlingsschutz/Sonderverfahren/SichereHerkunftsstaaten/sichereherkunftsstaaten-node.html.*

219 *https://www.youtube.com/watch?v=bkHp0EcO3u0.*

220 *https://www.t-online.de/nachrichten/ukraine/id_100349224/g20-baerbock-bietet-russischem-aussenminister-lawrow-die-stirn.html.*

221 *https://www.fu-berlin.de/presse/publikationen/alumnimagazin_wir/periskop/diplomatie/index.html.*

222 *https://de.wikipedia.org/wiki/Au%C3%9Fenminister.*

223 *https://www.rnd.de/politik/annalena-baerbock-krieg-gegen-russland-moskau-fordert-erklaerung-fuer-aussage-YNGEGJ7QACYAAZBNN2LPKSFLEM.html.*

224 *https://www.welt.de/regionales/hamburg/article234015936/Von-Dohnanyi-fuerchtet-die-Gruenen-und-Baerbocks-Naivitaet.html?wtrid=kooperation.reco.taboola.free.welt.desktop.*

225 *https://www.wsj.com/articles/worlds-dumbest-energy-policy-11548807424.*

226 *https://www.auswaertiges-amt.de/de/newsroom/-/2642644.*

227 *https://www.welt.de/politik/ausland/article252565148/J-D-Vance-Sie-deindustrialisieren-Ihr-eigenes-Land-sagte-Trumps-Vize-ueber-Deutschland.html.*

228 *https://www.nzz.ch/feuilleton/medien/meinungsklima-linksgruene-minderheit-schuechtert-die-mehrheit-ein-ld.1738540.*

229 *https://www.welt.de/politik/article146144873/Deutschland-gibt-sich-wie-ein-gefuehlsgeleiteter-Hippie-Staat.html.*

230 *https://www.dw.com/de/mein-europa-annalena-baerbock-ist-orb%C3%A1ns-schreckgespenst/a-57597523.*

231 *https://www.globaltimes.cn/page/202304/1289183.shtml.*

232 *https://www.globaltimes.cn/page/202304/1288417.shtml.*

233 *https://www.globaltimes.cn/page/202308/1296863.shtml.*

234 *https://www.globaltimes.cn/page/202405/1311758.shtml.*

235 *https://www.watson.ch/international/deutschland/812791136-ein-unfall-precht-schiesst-gegen-baerbock.*

236 *https://www.iwkoeln.de/studien/juergen-matthes-china-abhaengigkeiten-der-deutschen-wirtschaft-mit-volldampf-in-die-falsche-richtung.html#:~:text=Die%20deutsche%20Wirtschaft%20ist%20sehr,das%20zu%20einem%20politischen%20Problem.*

237 *https://www.ifo.de/publikationen/2022/aufsatz-zeitschrift/deutsch-chinesische-handelsbeziehungen-wie-abhaengig-ist.*

238 *https://www.zeit.de/politik/ausland/2023-09/china-diktator-aussage-annalena-baerbock-xi-jinping.*

239 *https://www.tagesschau.de/ausland/asien/baerbock-china-118.html.*

240 *https://www.zdf.de/nachrichten/politik/baerbock-interview-china-100.html.*

241 *https://www.facebook.com/story.php?story_fbid=5978885128875274&id=237282353035609&m_entstream_source=permalink&paipv=0&eav=AfapC1YaU_fPQcrEst56bMK5TfgANVcF0aZSxL-eAbIyz1pJ6jE0Wq3Y6yUyGkePO8E&_rdr.*

242 *https://exxpress.at/naechster-eklat-um-baerbock-empfehlung-eines-diplomatie-kurses/.*

243 Ebd.

244 Ebd.

245 *https://www.zeit.de/politik/ausland/2023-03/indien-beziehungen-westen-narendra-modi.*

246 Ebd.

247 *https://www.merkur.de/politik/auflaufen-eu-nach-orbans-putin-schock-moskau-ungarn-laesst-baerbock-eiskalt-zr-93172028.html.*

248 *https://www.focus.de/politik/deutschland/reitz-thema-wie-lange-kann-sich-deutschland-diese-aussenministerin-noch-leisten_id_259872059.html.*

249 *https://twitter.com/ABaerbock/status/1691312170808573952?ref_src=twsrc%5Etfw%7Ctwcamp%5Etweetembed%7Ctwterm%5E1691312170808573952%7Ctwgr%5E3e96f64ce9e1dd99af9dbff7db94ddb1f6596296%7Ctwcon%5Es1_&ref_url=https%3A%2F%2Fexxpress.at%2Fpeinlich-flugreise-baerbock-blamiert-erneut-deutschland%2F.*

250 *https://www.focus.de/politik/deutschland/baerbock-besucht-holocaust-gedenkstaette-aussenministerium-entschuldigt-sich-fuer-instagram-beitrag-ueber-besuch-in-israel_id_51965402.html.*

251 *https://www.bild.de/politik/ausland-und-internationales/baerbock-und-netanjahu-enthuellt-riesen-eklat-hinter-verschlossenen-tueren-6621742a35b7d85b4293e674.*

252 *https://www.nzz.ch/meinung/der-ukrainekrieg-und-die-krise-des-pazifismus-ld.1726396.*

253 Bundestagswahlprogramm 2021 BÜNDNIS 90/DIE GRÜNEN, Seite 250.

254 *https://www.faz.net/aktuell/politik/ausland/baerbock-will-ruestungsexporte-staerker-an-bedingungen-knuepfen-17802481.html*

255 Ebd.

256 *https://www.tagesschau.de/ausland/ukraine-jahrestag-angriff-102.html.*

257 *https://www.auswaertiges-amt.de/de/aussenpolitik/transatlantische-beziehungen/transatlantischebez-allg-node.*

258 *https://www.spiegel.de/politik/ostseepipeline-baerbock-bekraeftigt-nord-stream-2-kann-so-nicht-genehmigt-werden-a-4e0cd120-6ac3-488f-b5e4-a7283cb1b5fe.*

259 *https://www.tagesschau.de/inland/nord-stream-pipelines-reax-101.html.*

260 *https://www.rnd.de/politik/ukraine-krieg-baerbock-ueber-sanktionen-das-wird-russland-ruinieren-RZDYS2DEPRK5OST7ZGGRZ6UN4I.html.*

261 *https://www.zeit.de/politik/ausland/2022-02/usa-waffenlieferungen-polen-ukraine-panzer.*

262 *https://www.spiegel.de/politik/deutschland/ukrainekrieg-annalena-baerbock-enttaeuscht-von-wirkung-der-russland-sanktionen-a-3c393eb3-98dc-4aa9-a45e-b3c1b4188516.*

263 *https://www.merkur.de/politik/baerbock-muessen-druck-auf-russland-aufrechterhalten-zr-93129235.html#:~:text=%E2%80%9EF%C3%BCr%20uns%20als%20deutsche%20Bundesregierung,der%20N%C3%A4he%20der%20Hauptstadt%20Helsinki.*

264 *https://www.focus.de/politik/deutschland/sie-stellte-sich-gegen-sein-gasimperium-putin-zieht-in-tv-interview-ueber-baerbock-her-feindselig-gegen-das-eigene-land_id_259671617.html.*

265 *https://www.finanzen.at/nachrichten/aktien/barbock-warnt-vor-gravierenden-folgen-mangelnder-hilfe-fuer-ukraine-1033481812.*

266 *https://www.spiegel.de/politik/deutschland/auswaertiges-amt-warum-baerbocks-diplomaten-jetzt-undiplomatisch-auftreten-sollen-a-76cb5dde-ff2a-42e9-8d54-b73e92a2aaf3.*

267 *https://www.bild.de/bild-plus/politik/inland/politik-inland/diplomatentest-vereinfacht-baerbocks-gruene-posten-trickserei-80741050.bild.html.*

268 *https://apollo-news.net/feministische-aussenpolitik-neue-weibliche-baerbock-fuehrungskraefte-schneiden-desastroes-ab/.*

269 Ebd.

270 *https://www.focus.de/politik/deutschland/schwarzer-kanal/die-focus-kolumne-von-jan-fleischhauer-im-baerbock-bann-warum-sich-viele-journalisten-wuenschen-nur-sie-duerften-waehlen_id_13250779.html.*

271 *https://www.spiegel.de/politik/deutschland/annalena-baerbock-wer-ist-die-erste-gruenen-kanzlerkandidatin-a-f613cfa4-ae4d-4516-bc70-4a038111e625.*
272 *https://taz.de/Gruene-Kanzlerkandidatin-Baerbock/!5767020/.*
273 *https://www.youtube.com/watch?v=bYV95RRXkaI.*
274 Ebd.
275 *https://www.tagesschau.de/multimedia/sendung/tagesthemen/video-852313.html.*
276 *https://thelittlequeerreview.de/annalena-baerbock-laesst-sich-nicht-ins-bockshorn-jagen.*
277 *https://www.faz.net/aktuell/politik/inland/annalena-baerbock-wird-kanzlerkandidatin-der-gruenen-17300610.html.*
278 *https://www.focus.de/politik/deutschland/weitergedacht/weitergedacht-die-wagenknecht-kolumne-gruene-versprechen-sauberes-leben-aber-sankta-annalena-behuetet-nur-die-reichen_id_13261539.html.*
279 *https://www.tagesschau.de/faktenfinder/baerbock-lebenslauf-101.html.*
280 *https://www.deutschlandfunkkultur.de/lebenslaufdebatte-um-annalena-baerbock-was-erzaehlt-ein-100.html.*
281 *https://www.ksta.de/politik/annalena-baerbock-praezisiert-angaben-in-ihrem-lebenslauf-194956.*
282 *https://www.stern.de/politik/deutschland/annalena-baerbock-aeussert-sich-zu-lebenslauf-patzer---offensichtlich-sehr-schlampig---30566994.html.*
283 *https://taz.de/Vorwuerfe-gegen-Annalena-Baerbock/!5782076/.*
284 *https://www.cicero.de/innenpolitik/merkel-und-die-cdu-szenen-einer-seltsamen-ehe.*
285 *https://www.berliner-zeitung.de/wochenende/wahl-2021-ja-nein-vielleicht-hilfe-was-soll-ich-nur-waehlen-li.184861.*
286 *https://vera-lengsfeld.de/2021/07/18/merkel-macht-wahlkampf-fuer-die-spd/.*

287 *https://www.mdr.de/nachrichten/deutschland/wahlen/bundestagswahl/portraet-annalena-baerbock-102.html.*

288 Siehe Kapitel »Die Hochstaplerin«.

289 *https://www.handelsblatt.com/politik/deutschland/bundestagswahl-gewonnen-und-doch-verloren-wie-annalena-baerbock-die-erwartungen-der-gruenen-enttaeuschte/27650822.html.*

290 *https://www.rnd.de/politik/lanz-und-precht-philosoph-beklagt-firewall-um-baerbock-weil-sie-eine-frau-ist-XVHDSG45I5EEVEROQ43EGIWCAY.html.*

291 *https://www.wiwo.de/erfolg/trends/mehr-erfolg-mit-englisch-erkennt-man-gutes-oder-schlechtes-englisch-an-einer-deutschen-aussprache/27957820.html.*

292 *https://weltwoche.ch/daily/nicht-alles-was-hinkt-auch-ein-vergleich-der-tagesspiegel-findet-deutsche-muessen-tuerkische-namen-aussprechen-koennen-um-annalena-baerbocks-englisch-kritisieren-zu-duerfen/.*

293 *https://www.tichyseinblick.de/gastbeitrag/baerbock-davos-waffenstillstand/.*

294 *https://www.achgut.com/artikel/baerbock_und_ihre_wahlhelfer.*

295 Ebd.

296 *https://www.tagesschau.de/inland/innenpolitik/feindbild-gruene-100.html.*

297 *https://www.tagesschau.de/inland/innenpolitik/feindbild-gruene-100.html.*

298 Ebd.

299 *https://taz.de/Annalena-Baerbock-ueber-Kanzlerinnenamt/!5734264/.*

300 Die dänische Regierung hat 2024 eine Sondersteuer auf Fleisch und Milch beschlossen: *https://kurier.at/politik/ausland/daenemark-steuern-fleisch-milch-klimasteuer/402918536#*

:~:text=90%20Euro%20pro%20Kuh%20und,Emissionen%20 durch%20Essen%20als%20D%C3%A4nemark.

301 *https://de.wikiquote.org/wiki/Jean-Claude_Juncker.*

302 *https://www.focus.de/politik/meinung/analyse-von-ulrich-reitz-baerbock-und-habeck-in-wahrheit-leben-wir-schon-jetzt-in-einer-gruenen-republik_id_100132491.html.*

303 *https://www.bild.de/politik/inland/politik-inland/baerbock-aussage-egal-was-meine-deutschen-waehler-denken-sorgt-fuer-aerger-81195656.bild.html.*

304 Ebd.

305 *https://www.br.de/nachrichten/deutschland-welt/faktenfuchs-baerbock-zitat-verfaelscht-und-instrumentalisiert,TGCah1i.*

306 *https://www.bild.de/politik/inland/politik-inland/baerbock-aussage-egal-was-meine-deutschen-waehler-denken-sorgt-fuer-aerger-81195656.bild.html.*

307 *https://www.rbb24.de/politik/beitrag/2024/07/reaktionen-verbot-compact-afd-gruene-linke-amadeu-antonio-stiftu.htm/listallcomments=on.html.*

308 Ebd.

309 *https://www.tichyseinblick.de/video/interview/steinhoefel-compact-verbot/.*

310 *https://www.welt.de/debatte/kommentare/plus219289186/Oeffentlich-Rechtliche-Ausgewogene-Berichterstattung-92-Prozent-der-ARD-Volontaere-waehlen-gruen-rot-rot.html.*

311 *https://www.tagesschau.de/faktenfinder/kontext/usa-biden-152.html.*

312 *https://www.tagesschau.de/ausland/amerika/biden-us-wahlkampf-100.html.*

313 *https://www.bild.de/politik/inland/politik-inland/riesen-asylzoff-baerbock-schreibt-fleh-brief-an-die-gruenen-84263442.bild.html.*

314 *https://taz.de/Einigung-bei-EU-Asylpolitik/!5980977/.*

315 *https://www.fr.de/politik/gruene-annalena-baerbock-asyl-paket-eu-geas-marquardt-folgen-kretschmann-93006259.html.*

316 *https://www.tagesschau.de/inland/innenpolitik/gruene-kritik-eu-asylrechtsreform-100.html.*
317 *https://taz.de/Einigung-bei-EU-Asylpolitik/!5980977/.*
318 *https://www.focus.de/politik/focus-online-umfrage-geeignet-als-kanzlerkandidatin-so-hart-urteilen-die-deutschen-ueber-baerbock_id_259887773.html.*
319 *https://jungefreiheit.de/debatte/interview/2024/steinhoefel-interview-leichtmatrosin-baerbock-rosstaeuscher-und-habeck/.*
320 *https://www.tichyseinblick.de/meinungen/baerbock-israel/.*
321 *https://www.focus.de/experts/wie-aussenministerin-baerbock-ihre-vielen-versprecher-in-den-griff-bekommt_id_259876920.html.*
322 *https://jungefreiheit.de/debatte/interview/2024/steinhoefel-interview-leichtmatrosin-baerbock-rosstaeuscher-und-habeck/.*
323 *https://www.focus.de/experts/wie-aussenministerin-baerbock-ihre-vielen-versprecher-in-den-griff-bekommt_id_259876920.html.*
324 *https://www.afd.de/alice-weidel-baerbock-ist-zu-einem-sicherheitsrisiko-geworden/.*
325 *https://www.achgut.com/artikel/hass_gegen_claudia_neumann_echt_jetzt.*
326 *https://jungefreiheit.de/debatte/interview/2024/steinhoefel-interview-leichtmatrosin-baerbock-rosstaeuscher-und-habeck/.*
327 *https://www.tichyseinblick.de/meinungen/annalena-baerbock-sicherheitsrisiko-europa/.*
328 *https://jungefreiheit.de/debatte/interview/2024/steinhoefel-interview-leichtmatrosin-baerbock-rosstaeuscher-und-habeck/.*
329 *https://www.tiktok.com/@aktien_world/video/7321420496988327201.*
330 *https://jungefreiheit.de/debatte/interview/2024/steinhoefel-interview-leichtmatrosin-baerbock-rosstaeuscher-und-habeck/.*

331 *https://www.focus.de/politik/hass-und-beschimpfung-im-netz-gruene-klagewelle-schauen-sie-mal-wen-baerbock-und-habeck-alles-anzeigen_id_259947014.html.*
332 *https://www.nius.de/kommentar/maechtig-beleidigt-wer-baerbock-auf-ihre-unfaehigkeit-hinweist-wird-eingeschuechtert-vor-gericht-gezerrt/5d95a2ca-3d88-4e92-a5f7-7cbe81ff524c.*
333 *https://jungefreiheit.de/debatte/interview/2024/steinhoefel-interview-leichtmatrosin-baerbock-rosstaeuscher-und-habeck/.*
334 *https://www.nius.de/kommentar/maechtig-beleidigt-wer-baerbock-auf-ihre-unfaehigkeit-hinweist-wird-eingeschuechtert-vor-gericht-gezerrt/5d95a2ca-3d88-4e92-a5f7-7cbe81ff524c.*
335 *https://www.focus.de/politik/deutschland/unzaehlige-reisen-soeder-kritisiert-baerbocks-aussenpolitik-ohne-ertrag-ohne-erfolg_id_259878165.html.*
336 *https://www.tichyseinblick.de/daili-es-sentials/das-drama-des-unbegabten-kindes/.*
337 *https://www.nzz.ch/der-andere-blick/annalena-baerbock-macht-viel-falsch-aber-es-haette-noch-schlimmer-kommen-koennen-ld.1827949.*
338 *https://weltwoche.ch/daily/kleider-machen-leute-was-das-aeussere-von-baerbock-weidel-und-co-ueber-den-politikstil-der-frauen-verraet/.*
339 *https://jungefreiheit.de/debatte/kommentar/2022/baerbock-asien/.*
340 *https://www.rnd.de/politik/precht-zieht-ueber-baerbock-her-was-fuer-ein-unfall-dass-diese-frau-aussenministerin-geworden-ist-TBMZ4G6EHNBOBAYZYQY3IQHVCU.html.*
341 *https://x.com/jreichelt/status/1811130421494890833.*
342 *https://www.nius.de/politik/visa-fuer-afghanen-dieses-interview-koennte-fuer-baerbock-politisch-brandgefaehrlich-werden/edbc099d-fc65-42ec-8925-a4bc5519a2ad.*

343 *https://www.berliner-zeitung.de/politik-gesellschaft/versprecher-zum-nahost-konflikt-irritierender-auftritt-von-baerbock-in-den-tagesthemen-li.2207119.*

344 *https://www.achgut.com/artikel/hass_gegen_claudia_neumann_echt_jetzt.*

345 *https://www.youtube.com/watch?v=3s8mKdpwO48.*

346 *https://weltwoche.de/daily/bumseltag-ost-kokaine-wasserschoft-und-kobold-die-deutsche-aussenministerin-annalena-baerbock-wird-zum-star-im-netz-selbst-kinder-kennen-sie-dank-ihrer-legendaeren-versprecher/.*

347 *https://weltwoche.de/daily/praesidenzlosen-angriff-defensieg-kroepfe-baerbock-reiht-in-der-ard-einen-versprecher-an-den-anderen-soweit-so-normal-neu-ist-die-haeme-die-in-den-medien-plo/.*

348 *https://www.ardmediathek.de/video/3nach9-die-mutter-aller-talkshows/talk-mit-bundesaussenministerin-annalena-baerbock/radio-bremen/Y3JpZDovL3JhZGlvYnJlbWVuLmRlLzg0OGZjYjk2LWNhZTYtNDA4Yi1iMjhiLWRhYjMzZTEyNjg0Ny9zZWN0aW9uL3VybjphcmQ6ZXBpc29kZTo4MGExMGRmMTk3ZTliZTZl.*

349 *https://weltwoche.de/daily/bumseltag-ost-kokaine-wasserschoft-und-kobold-die-deutsche-aussenministerin-annalena-baerbock-wird-zum-star-im-netz-selbst-kinder-kennen-sie-dank-ihrer-legendaeren-versprecher/.*

350 Ebd.

351 *https://www.youtube.com/watch?v=Ya5fV0OVo3s.*

352 *https://www.fr.de/panorama/annalena-baerbock-fressefreiheit-versprecher-russland-besuch-aussenministerin-pressekonferenz-pressefreiheit-gruene-news-91248164.html.*

353 *https://apollo-news.net/baerbock-neues-stammel-interview-in-den-tagesthemen/.*

354 *https://www.achgut.com/artikel/hass_gegen_claudia_neumann_echt_jetzt.*

355 *https://weltwoche.de/daily/bumseltag-ost-kokaine-wasserschoft-und-kobold-die-deutsche-aussenministerin-annalena-baerbock-wird-zum-star-im-netz-selbst-kinder-kennen-sie-dank-ihrer-legendaeren-versprecher/.*

356 *https://exxpress.at/lacher-im-web-fuer-baerbock-sind-die-huthi-rebellen-husis/.*

357 *https://www.facebook.com/reel/829800966 0209660.*

358 *https://www.tiktok.com/@_justforfun_55/video/7316609881862180128.*

359 *https://weltwoche.de/daily/bumseltag-ost-kokaine-wasserschoft-und-kobold-die-deutsche-aussenministerin-annalena-baerbock-wird-zum-star-im-netz-selbst-kinder-kennen-sie-dank-ihrer-legendaeren-versprecher/.*

360 *https://www.tiktok.com/@_justforfun_55/video/7316609881862180128.*

361 *https://www.achgut.com/artikel/hass_gegen_claudia_neumann_echt_jetzt.*

362 *https://www.youtube.com/watch?v=hUwFr1d9FG0.*

363 *https://www.ardmediathek.de/video/3nach9-die-mutter-aller-talkshows/talk-mit-bundesaussenministerin-annalena-baerbock/radio-bremen/Y3JpZDovL3JhZGlvYnJlbWVuLmRlLzg0OGZjYjk2LWNhZTYtNDA4Yi1iMjhiLWRhYjMzZTEyNjg0Ny9zZWN0aW9uL3VybjphcmQ6ZXBpc29kZTo4MGExMGRmMTk3ZTliZTZl.*

364 *https://www.youtube.com/watch?v=iYQ1C2_uBOA.*

365 *https://www.achgut.com/artikel/hass_gegen_claudia_neumann_echt_jetzt.*

366 *https://weltwoche.de/daily/bumseltag-ost-kokaine-wasserschoft-und-kobold-die-deutsche-aussenministerin-annalena-baerbock-wird-zum-star-im-netz-selbst-kinder-kennen-sie-dank-ihrer-legendaeren-versprecher/.*

367 *https://www.achgut.com/artikel/hass_gegen_claudia_neumann_echt_jetzt.*

368 *https://www.youtube.com/watch?v=iYQ1C2_uBOA.*

369 *https://www.tiktok.com/@_justforfun_55/video/7316609881862180128.*

370 *https://www.youtube.com/watch?v=gG1XaYnz2Gk.*

371 *https://www.ardmediathek.de/video/3nach9-die-mutter-aller-talkshows/talk-mit-bundesaussenministerin-annalena-baerbock/radio-bremen/Y3JpZDovL3JhZGlvYnJlbWVuLmRlLzg0OGZjYjk2LWNhZTYtNDA4Yi1iMjhiLWRhYjMzZTEyNjg0Ny9zZWN0aW9uL3VybjphcmQ6ZXBpc29kZTo4MGExMGRmMTk3ZTliZTZl.*

372 *https://www.achgut.com/artikel/hass_gegen_claudia_neumann_echt_jetzt.*

373 *https://www.youtube.com/watch?v=nicuyhUpCn8.*

374 *https://www.nzz.ch/meinung/von-steuerinnenzahlern-und-rassisten-beim-gendern-geht-es-vor-allem-darum-sich-selbst-als-den-besseren-menschen-zu-inszenieren-ld.1625793.*

375 *https://www.publicomag.com/2021/06/das-drama-des-unbegabten-kindes/.*

376 *https://www.youtube.com/watch?v=v5ubWA7ThbE.*

377 *https://www.tiktok.com/@holgero024/video/7270997554165304608.*

378 *https://www.youtube.com/watch?v=OwGrGB06h8g.*

379 *https://www.youtube.com/watch?v=Ya5fV0OVo3s.*